新世纪

新世纪高职高专
公共基础课系列规划教材

新时代高职学生劳动教育教程

主　编　吴德银　杜　娟
副主编　王立成　杨斌英　姚红琳

大连理工大学出版社

图书在版编目(CIP)数据

新时代高职学生劳动教育教程 / 吴德银，杜娟主编
. -- 大连 ：大连理工大学出版社，2022.8(2023.8 重印)
ISBN 978-7-5685-3908-1

Ⅰ. ①新… Ⅱ. ①吴… ②杜… Ⅲ. ①劳动教育－高等职业教育－教材 Ⅳ. ①G40-015

中国版本图书馆 CIP 数据核字(2022)第 144887 号

大连理工大学出版社出版

地址:大连市软件园路 80 号　　邮政编码:116023
发行:0411-84708842　邮购:0411-84708943　传真:0411-84701466
E-mail:dutp@dutp.cn　　URL:https://www.dutp.cn

沈阳市永鑫彩印厂印刷　　大连理工大学出版社发行

幅面尺寸:185mm×260mm　　印张:9.5　　字数:185 千字
2022 年 8 月第 1 版　　2023 年 8 月第 2 次印刷

责任编辑:欧阳碧蕾　　责任校对:程砚芳
封面设计:张　莹

ISBN 978-7-5685-3908-1　　定　价:31.80 元

序言

劳动是创造物质财富和精神财富的过程，是人类特有的基本社会实践活动。劳动教育是发挥劳动的育人功能，对学生进行热爱劳动、热爱劳动人民的教育活动。

劳动教育是新时代党对教育的新要求，是中国特色社会主义教育制度的重要内容。党的十八大以来，习近平总书记立足新时代历史方位，对劳动和劳动教育作出重要论述。在2018年召开的全国教育大会上，习近平总书记强调“培养德智体美劳全面发展的社会主义建设者和接班人，加快推进教育现代化、建设教育强国、办好人民满意的教育”，并指出“要在学生中弘扬劳动精神，教育引导学生崇尚劳动、尊重劳动，懂得劳动最光荣、劳动最崇高、劳动最伟大、劳动最美丽的道理，长大后能够辛勤劳动、诚实劳动、创造性劳动。”之后，习近平总书记又在不同场合多次谈及了劳动的重要性，并就如何开展好劳动教育予以多次论述。在党的二十大报告里，习近平总书记再次倡导“德智体美劳”全面发展，把劳动教育与“德育、智育、体育、美育”并列。习近平总书记关于劳动教育的系列重要论述是对马克思主义关于劳动价值学说的坚守和深化，赋予了新时代劳动教育新的价值意蕴。

为深入学习习近平总书记关于劳动教育的重要论述，全面贯彻落实党的二十大精神，落实中共中央、国务院《关于全面加强新时代大中小学劳动教育的意见》，教育部《大中小学劳动教育指导纲要（试行）》，中共浙江省委、浙江省人民政府《关于全面加强新时代大中小学劳动教育的实施意见》，准确把握社会主义建设者和接班人的劳动精神面貌、劳动价值取向和劳动技能水平的培养要求，全面提高学生劳动素养，使学生树立正确的劳动观念、具有必备的劳动能力、培育积极

的劳动精神、养成良好的劳动习惯和品质，加快构建德智体美劳全面培养的教育体系，浙江金融职业学院劳动教育中心组织编写了本教材。

本教材紧密结合党的二十大精神和习近平总书记关于劳动教育的重要论述，凸显职教特色和校本元素，共分四个模块。第一模块：认识劳动。本模块主要介绍马克思主义劳动观、黄炎培劳动教育思想、中国特色社会主义劳动观及新时代加强劳动教育的意义。第二模块：崇尚劳动。本模块分析了劳动精神、工匠精神、劳模精神，介绍了生活技能、职业技能、社会技能，并结合案例，引导学生在校园生活中、实习实训中、社会实践中养成良好的劳动习惯。第三模块：尊重劳动。本模块从"职业无好坏之分""劳动无贵贱之别""劳动应持有的态度"等方面，诠释了"劳动光荣、劳动伟大"的价值导向，使学生树立正确的劳动观念。第四模块：保障劳动。本模块主要从"劳动合同与劳动权益""劳动争议与处理方式""劳动安全风险防范与安全保障"等方面，通过梳理有关法律法规，介绍了劳动合同的概念、形式、种类和内容，明晰了劳动者该享有的劳动权利，划分了劳动争议的范围、类别，列举了劳动争议的解决方式，同时还结合大学生特别是职业院校学生的特点，介绍了日常劳动安全防范和实习期间的劳动风险防范知识。

本教材由吴德银、杜娟担任主编，王立成、杨斌英、姚红琳担任副主编。具体编写分工如下：吴德银提出教材编写大纲；第一模块由王琴、王玉龙编写，第二模块由杜娟、姚红琳编写，第三模块由章甜甜、王立成编写，第四模块由吴德银、杨斌英编写。全书由吴德银、杜娟统稿、审校。

本教材在编写过程中得到了浙江金融职业学院党委书记金杨华教授、校长郑亚莉教授、副校长陈云涛教授的悉心指导。同时，本书在编写过程中参考了大量专家学者的资料，在此一并表示感谢。

由于编者水平有限，本教材如果存在疏漏和不当之处，敬请专家和广大读者批评指正，我们当感激不胜！

编　者

所有意见和建议请发往：dutpgz@163.com
欢迎访问职教数字化服务平台：https://www.dutp.cn/sve/
联系电话：0411-84706671　84707492

目录

模块一

认识劳动

党的二十大报告指出："在全社会弘扬劳动精神、奋斗精神、奉献精神、创造精神、勤俭节约精神，培育时代新风新貌。"伟大实践孕育伟大精神，伟大精神引领伟大实践。在全社会弘扬劳动精神，让劳动最光荣、劳动最崇高、劳动最伟大、劳动最美丽蔚然成风。努力推动形成适应新时代要求的思想观念、精神面貌、文明风尚和行为规范，是建设社会主义文化强国的重要任务。2018 年 9 月，习近平总书记在全国教育大会上明确指出"要努力构建德智体美劳全面培养的教育体系"，将劳动教育作为学生全面发展不可或缺的一部分。2020 年3 月，中共中央、国务院印发《关于全面加强新时代大中小学劳动教育的意见》(以下简称为《意见》)，进一步指出劳动教育是中国特色社会主义教育制度的重要内容，对于培养社会主义建设者和接班人具有重要的战略意义。习近平总书记在全国教育大会上的讲话与《意见》的颁布，显示了党和国家对于劳动教育的高度重视，为劳动教育的实施指明了方向，对于加强劳动教育、提升劳动教育育人功能有着重要的现实意义。加强对劳动的认识、增强劳动教育研究是强化新时代马克思主义劳动观培育的历史必然，是推进学校劳动教育理论科学化建构的理论应然，也是促进学校劳动教育常态化发展的实践使然，具有深刻的历史意蕴、理论价值和实践意义。

本模块主要从"马克思主义劳动观""黄炎培劳动教育思想""中国特色社会主义劳动教育观""新时代加强劳动教育的意义"等方面着手，通过对马克思主义劳动观的产生和发展阶段、理论形态，黄炎培劳动教育思想的形成、特点等，以及党和国家领导人对劳动教育的阐释，帮助学生以劳树德、以劳增智、以劳强体、以劳育美，进一步认识到劳动教育对个人、社会、国家的重要意义。

学习目标

1. 掌握马克思主义劳动观的主要内涵。
2. 理解并实践黄炎培"手脑并用、做学合一"的思想。
3. 结合专业学习践行中国特色社会主义劳动观。
4. 理解新时代加强劳动教育的意义。

导入案例

杨金龙：打破0.01毫米的极限为汽车着色

青年技师杨金龙在21岁的时候，打破了0.01毫米的极限，为中国在世界技能大赛上实现了汽车喷漆项目金牌零的突破。

1994年出生的杨金龙成长于云南保山一个农村家庭，家里靠父母务农维持生计。中考失利后，他抱着想学一门技术、早点帮家里减轻负担的想法，进入保山市隆阳区职业技术学校学习汽车维修。一年后，通过选拔，来到杭州技师学院学习汽车喷漆与整形。

“虽然汽车喷漆没有过多的科技含量，但要尽量减少色差，让喷漆表面更加光滑，只有凭着不断的练习，才能达到更高的标准。”上学期间，杨金龙对喷漆技术到了痴迷的程度，他的理解是，一个好的汽车喷漆技师，应该是“汽车美容师”。

喷漆这项工艺过程只有几步，但每一个细节都至关重要：打磨不过关，影响喷漆的厚薄；调色不过关，修补点存在色差影响观感。“通过打磨调色后，新的车修完要和新的一样，旧的车修完也要修旧如旧。”

好在他肯吃苦、肯钻研，每天寝室、食堂、车间三点一线，常常为了攻克一个问题而在实训车间待到凌晨。在校期间，他就获得了浙江省职业院校汽车运用与维修汽车涂装一等奖，全国职业院校汽车运用与维修汽车涂装二等奖等成绩，成长为汽车喷漆与整形专业的一匹“黑马”。

2014年4月，通过层层筛选，他加入了杭州技师学院教师团队。那年，他20岁，是学院最年轻的教师。那年，他接受了第43届世界技能大赛国内选拔赛的邀请，向冠军发起挑战。

杨金龙所参加的汽车喷漆项目有着非常高的技艺要求。喷涂厚度标准为0.13毫米，允许误差上下浮动只有0.01毫米，0.01毫米，相当于一根头发直径的1/6左右。

他训练的过程异常辛苦。高温天气时，室内温度高达40 ℃，酷暑时接近50 ℃。训练中不能把皮肤裸露在外面，浑身必须裹得严严实实，因此他每天汗流浃背，而工作服湿了会影响训练效果就不能再穿。这样一天训练下来，要换七八套工作服，可杨金龙从不叫苦。

备战过程中，杨金龙常常因为手持喷枪时间过长而胳膊疼痛，“有时候痛到睡不着觉，几天(胳膊)抬不起来，只能用冰袋冷敷来缓解”。为了增强肌肉力量，他每天举哑铃锻炼。

2015 年 8 月 17 日，巴西圣保罗，中国青年杨金龙站在了世界技能大赛的舞台，凭借高超的技术，他一举夺得了汽车喷漆项目金牌，为中国实现世界技能大赛上金牌零的突破。

（资料来源：中国青年网，2021-12-14，有删减）

马克思说："整个所谓世界历史不外是人通过人的劳动而诞生的过程。"可以说，劳动创造了人本身，也创造了人类历史。人们为了生存生活，需要通过劳动获得食物、衣服、住所等生活必需品。随着社会生产力的发展进步，人们参与社会分工和社会劳动的方式多种多样，但是随着生产的机械化、智能化，特别是城市生活把我们的日常生活与直接生产劳动割裂开来，这导致我们越来越缺乏来自劳动的直接体验，重新理解劳动的意义成了当代青年要着重探索的命题。青年学子通过认识劳动，学习马克思主义劳动观，理解在做中学、在学中做的大职业教育观，树立正确的劳动观，在劳动中创造价值，在劳动中获得发展。

一、马克思主义劳动观

马克思主义劳动观是人类劳动学说史上的一座里程碑，贯穿马克思主义思想体系的始终。马克思和恩格斯以"劳动"揭示人类历史发展的真相，强调劳动不仅生产出物质生活资料，同时也生产出社会关系与人本身，是推动社会历史发展的根本力量。

（一）马克思劳动观

马克思劳动观及其教育思想是大学生劳动观教育思想的源泉，总的来说，马克思劳动观的产生和发展大致经历四个阶段、四种理论形态。

1. 马克思劳动观的初创阶段：异化劳动理论

1844 年 8 月以前，是马克思劳动观的初创阶段，异化劳动理论是其最主要的理论形态。马克思的异化劳动理论主要是在借鉴资产阶级古典政治经济学、卢梭、黑格尔和费尔巴哈的异化思想的基础上，结合自己所生活的时代及其个人的社会实践而形成的，内容十分丰富，主要思想集中在《1844 年经济学哲学手稿》之中。马克思认为："劳动为富人生产了奇迹般的东西，但是为工人生产了赤贫。劳动生产了宫殿，但是给工人生产了棚舍。劳动生产了美，但是使工人变成畸形。劳动用机器代替了手工劳动，但是使一部分工人回到野蛮的劳动，并使另一部分工人变成机器。劳动生产了智慧，但是给工人生产了愚钝和痴呆。”需要注意的是，简单的对象化并不是异化，异化只是对象化的一种特殊方式，只是在劳动与劳动者成为对立的力量之后，对象化才成为异化。简言之，异化是一个历史范畴，它只有在资本与劳动相互分离的前提之下，即生产资料私有制的前提下才表现出来。

其一是人和自己创造出来的劳动产品相异化。一般说来，人只有在占有自己的劳动对象（劳动产品），并通过自己的劳动对象（劳动产品）才能肯定和实现自己，因此，劳动产品应该归作为主体的劳动者所有，但在资本主义生产中，工人不仅不能占有劳动产品，反而在产品中逐渐“成为自己的对象的奴隶”。指的就是“工人生产得越多，他能够消费得越少；他创造的价值越多，他自己越没有价值、越低贱；工人的产品越完美，工人自己越畸形；工人创造的对象越文明，工人自己越野蛮；劳动越有力量，工人越无力；劳动越机巧，工人越愚笨，越成为自然界的奴隶”。即工人生产的财富越多，创造的商品越多，他就越贫穷，他自身就越变为廉价的商品。这就是劳动者同自己的劳动产品之间的异化。关于这一异化思想，马克思曾多次做过阐释，他指出：“工人生产的财富越多，他的产品的力量和数目越大，他就越贫穷。工人创造的商品越多，他就越变成廉价的商品。物的世界的增值同人的世界的贬值成正比。”作为产品的创造者，工人本应该跟自己的产品保持一种和谐的关系，然而在资本主义的现实中，工人不仅不能得到自己的劳动成果，反而还要受制于自己的劳动成果，在生产过程中，工人不是证明了自己，而是在劳动过程中丧失了自己作为人的本质。

其二是人和自身的劳动活动相异化。马克思指出：“异化不仅表现在结果上，而且表现在生产行为中，表现在生产活动本身中。如果工人不是在生产行为本身中使自身异化，那么工人活动的产品怎么会作为相异的东西同工人对立呢？产品不过是活动、生产的总结。因此，如果劳动的产品是外化，那么生产本身必然是能动的外化，或活动的外化、外化的活动，在劳动对象的异化中不过总结了劳动活动本身的异化、外化。”马克思进一步指出，人和自身的劳动活动相异化指的是，由于劳动不属于劳动者，因而劳动者在劳动中也不属于自己，因此，这种条件下人所进行的生产活动，其结果是丧失了劳动的真正内涵。

其三是人同自己的类本质相异化。在以上基础上，马克思推出了异化的第三个规定，即人同自己的类本质相异化。劳动是人的生命活动与有意识的本质活动的统一。马克思正确区分了人的活动与动物的活动。他认为，人的实践活动是人的有意识活动的标志，“通过实践创造对象世界，改造无机界，人证明自己是有意识的类存在物”“通过这种生产，自然界才表现为他的作品和他的现实”。虽然动物也会进行生产，但是动物的生产是片面的，因为动物只会生产它自己或其同类所直接需要的东西。因此，马克思说："正是在改造对象世界中，人才真正地证明自己是类存在物"。由此可见，劳动的对象化就是人的类本质的对象化，人只有在他创造对象的过程中才能认识自己。然而，资本主义制度下的异化劳动把这种关系颠倒过来了，异化劳动致使人的这种本质的表现"沦落为"仅仅维持自己生产的手段；同时，"异化劳动也从人那里夺去了他生产的对象，也就从人那里夺去他的类生活，把人对动物所有的优点变成了缺点"。这两者与人的异化，成为人同自己的类本质相异化。

最后是人与人相异化。在前三种异化规定的基础上，马克思推论出了人与人相异化的规定。马克思认为，人同自己的劳动产品、劳动活动和类本质相异化的直接结果就是人与人相异化。马克思认为："当人同自身相对立的时候，他也同他人相对立。凡是适用于人对自己的劳动、自己的劳动产品和对自身的关系的东西，也都适用于人对他人、对他人的劳动和劳动对象的关系。"马克思指出："通过异化的、外化的劳动，工人生产出一个跟劳动格格不入的、站在劳动之外的人同这个劳动的关系。工人同劳动的关系，生产出资本家（或者不管人们给雇主起个什么别的名字）同这个劳动者的关系。从而，私有财产是外化劳动即工人同自然界和自身的外在关系的产物、结果和必然后果。"需要特别指出的是，马克思这里所说的人与人的异化是指整个人类内部关系的异化，既包括资产阶级和无产阶级之间，也包括资产阶级内部之间及无产阶级内部之间的那种非协调的关系。

这一时期，马克思、恩格斯不仅分析了异化劳动的基本含义，异化劳动的基本环节，异化劳动的哲学基础，初步阐述了劳动的基本内涵、本质、结构和功能，同时，对劳动的发展阶段及其发展趋势也做出了预测，初步揭示了资本主义异化劳动的本质及其根源，为马克思主义唯物史观及科学社会主义理论的提出奠定了基础。

2. 马克思劳动观的深入：唯物史观的创立

从 1844 年 8 月到 1848 年 2 月《共产党宣言》发表，是马克思劳动观的深入阶段和唯物史观的创立阶段。这一时期，马克思劳动观主要通过《关于费尔巴哈的提纲》《神圣家族》《德意志意识形态》等一系列著作体现出来。其中，《德意志意识形态》对生产力和生产关系、经济基础和上层建筑等范畴进行了系统的阐释，揭示了社会发展的内在矛盾和根本动力，形成了科学的世界观和方法论，在唯物史观的发展史上具有重大意义。

对于生产力和生产关系，马克思指出，人在进行生产劳动的过程中存在两种关系，即生产力与生产关系。其中，生产力是指人与自然的关系，生产关系是指人与人之间的关系。马克思、恩格斯认为，"人们所达到的生产力的总和决定着社会状况"，因而，随着生产力的发展，“已成为桎梏的旧交往形式被适应于比较发达的生产力，因而也适应于进步的个人自主活动方式的新交往形式所代替；新的交往形式又会成为桎梏，然后又为别的交往形式所代替”。这里的“交往形式”也就是后来所指的生产关系。

对于经济基础和上层建筑的关系，恩格斯指出：“人们首先必须吃、喝、住、穿，然后才能从事政治、科学、艺术、宗教，等等；所以，直接的物质的生活资料的生产，一个民族或一个时代的一定的经济发展阶段，便构成基础，人们的国家设想、法的观点、艺术以至宗教观念，就是在这个基础上发展起来的，因而，也必须由这个基础来解释，而不是像过去那样做得相反。”关于唯物史观，马克思和恩格斯是这样表述的：“从直接生活的物质生产出发阐述现实的生产过程，把同这种生产方式相联系的、它所产生的交往形式即各个不同阶段上的市民社会理解为整个历史的基础，从市民社会作为国家的活动描述市民社会，同时从市民社会出发阐明意识的所有各种不同理论的产物和形式，如宗教、哲学、道德，等等，而且追溯它们产生的过程。”这就是经济基础决定上层建筑，社会存在决定社会意识的观点。这一观点的提出，既是对过去唯心史观的深刻批判，也成了马克思对自己的唯物史观建构的有力论断。可以说，唯物史观的形成对马克思劳动观的发展产生了非常重要的影响，它不仅为马克思政治经济学研究提供了科学的世界观和方法论，而且确定了经济学的研究对象和研究出发点，从而对马克思主义劳动价值理论产生了重大影响。

3. 马克思劳动观的成熟：劳动价值论的形成

从 1848 年 2 月到 1871 年巴黎公社革命的爆发，是马克思劳动观的成熟和完善阶段。这一时期马克思劳动观最重要的理论成果就是科学的劳动价值理论的形成。代表性的著作包括《伦敦笔迹》《1857—1858 年经济学手稿》《1861—1863 年经济学手稿》《资本论》第一卷等。劳动价值理论体系是马克思劳动观成熟的标志，主要包括商品二因素、劳动二重性、商品拜物教等方面的内容。商品二因素，指的是商品的使用价值与价值，商品是使用价值和价值的矛盾统一体。马克思认为：“一方面是人类劳动力在生理学意义上的耗费，就相同的或抽象的人类劳动这个属性来说，它形成商品价值。另一方面，一切劳动是人类劳动力在特殊的有一定目的的形式上的耗费；就具体的有用劳动这个属性来说，它生产使用价值。”马克思认为，商品就是用来交换的劳动产品，它体现着一定的社会历史关系。作为交换的商品，首先要满足人们的某种需要，这就是商品的使用价值。价值与使用价值两者辩证地统一于一个商品之中，缺少这两个因素中的任何一个，物品都不可能成为商品。价值的存在要以使用价值的存在为前提，使用价值是价值的物质承担者。

劳动的二重性指的是具体劳动和抽象劳动。马克思劳动概念的成熟与完善首先表现在马克思第一次明确而科学地分析了劳动的二重性。生产商品的劳动实际上是抽象劳动与具体劳动的对立统一。这种对立统一表现在：第一，“就使用价值说，有意义的只是商品中包含的劳动的质，就价值量说，有意义的只是商品中包含的劳动的量，不过这种劳动已经化为没有质的区别的人类劳动。在前一种情况下，是怎样劳动、什么劳动的问题；在后一种情况下，是劳动多少、劳动时间多长的问题”。第二，劳动的二重性决定了商品的两个因素。在劳动过程中，个人的、具体的劳动创造使用价值；社会的、抽象的劳动创造价值，劳动就是使用价值的生产和价值的生产的有机统一。在分析了商品和货币的基础上，马克思进一步分析了商品拜物教，马克思认为，商品拜物教的社会根源是商品形式本身，商品拜物教是商品生产关系的必然产物。最后，马克思还对资产阶级经济学家的拜物教观点进行了批判。在这个阶段，马克思、恩格斯以唯物史观为指导，明确了劳动的基本内涵，划分了劳动的种类，分析了劳动与价值、剩余价值的关系，揭示了资本主义社会异化劳动的根源和秘密。尤其是通过分析资本主义劳动二重性和资本主义再生产过程，马克思、恩格斯揭示了资本主义劳动的本质和内在矛盾，从而为克服资本主义异化劳动，实现劳动的回归提供了一条科学的道路。如果说唯物史观揭示了劳动的两个方面——生产力和生产关系及其关系，为劳动价值论的发展奠定了科学的世界观和方法论的话，那么科学的劳动价值理论把对异化劳动的分析建立在现实资本主义经济基础上，找到了异化的根源，从而从现实的角度，深化、验证和发展了唯物史观。同时，马克思还分析了共产主义社会的劳动和劳动结构，为从历史整体上研究劳动提供了具体材料，找到了消灭异化劳动的科学途径和策略。

4. 马克思劳动观的进一步发展：劳动解放理论

巴黎公社后，马克思吸收了历史学、文化人类学、考古学和自然科学的最新成就，从人类发展史的角度探索了劳动在创造人和人类社会中的作用，揭示了人的本质和劳动的本质，把科学社会主义建立在历史发展规律的基础上，从而使得马克思劳动观得到进一步发展。如果说，异化状态下的劳动是受经济利益驱使的劳动，这种劳动纯粹只是一种人们用来谋生的手段，因而也就不可能是一种自由自觉的活动的话，那么，为劳动的解放找到一条现实可行的道路，使劳动不再仅仅是谋生的手段，而是成为生活的第一需要，则是马克思一生的奋斗目标。因此，马克思指出，人的劳动达到自由自觉状态的首要条件是消灭资本主义私有制，实现生产资料与劳动者的统一。

因此，马克思试图以打破劳动对人们的束缚、解放劳动、实现劳动自由为目标，以确立唯物史观为手段，寻找一条实现劳动解放的现实可行的途径。他认为，自然层面的劳动解放要求消除一切阻碍生产力发展的因素，不断发展生产力；社会层面的劳动解放要求创立新的劳动关系和社会关系，消灭资本主义私有制。只有这样，人们才能够自由地发挥自己的体力与智力，从而达到解放劳动和解放整个人类的目的。与此同时，劳动解放的主体是无产阶级。通过解放劳动，劳动者真正占有自己的劳动，实现人的解放，实现人的本质的完善，塑造一种全新的人，从而实现美好的现实生活。从这种意义上说，“劳动的解放就是人类的解放”。

（二）马克思的劳动观教育思想

马克思劳动观教育思想的核心是教育与生产劳动相结合。马克思、恩格斯关于教育与生产劳动相结合的基本原理，虽然深深植根于特定的社会环境中，但是，“同任何新的学说一样，它必须首先从已有的思想材料出发”。14 世纪中叶的思想家和教育家托马斯·莫尔和托·康帕内拉，17—18 世纪的资产阶级经济学家约翰·贝勒斯、卢梭都对教育与生产劳动相结合有利于“人”的发展、有利于生产的发展进行过阐述。裴斯泰洛齐更是对其进行了深入的实践，随后的空想社会主义者罗伯特·欧文、查理·傅里叶更将之作为“理想社会”的教育原则，并从不同角度对“教育与生产劳动相结合”思想提出了自己的见解。马克思汲取他们思想的合理内核，充分肯定欧文教育与生产劳动相结合的实践，他说：“从工厂制度中萌发出了未来教育的幼芽，未来教育对所有已满一定年龄的儿童来说，就是生产劳动同智育和体育相结合，它不仅是提高社会生产的一种方法，而且是造就全面发展的人的唯一方法”。同时，“马克思、恩格斯从辩证唯物主义出发，在深刻揭示社会、教育和人三者内在关系的基础上，把教育与生产劳动相结合作为科学社会主义的一个内容而将其置入科学的轨道，从而成为无产阶级教育的一个根本原则。”可以说，在教育与生产劳动相结合的思想从空想变为科学的过程中，马克思做出了相当大的努力，从而为劳动教育理论的形成奠定了基础。

马克思在 1866 年起草的《临时中央委员会就若干问题给代表的指示》中指出：“现代工业吸引男女儿童和少年来参加伟大的社会生产事业，是一种进步的、健康的和合乎规律的趋势，虽然在资本主义制度下它是畸形的。”马克思认为，儿童参加生产劳动是符合“普遍的自然规律”的，即“为了吃饭，必须劳动，不仅要用脑劳动，而且也要用双手劳动”。从马克思生活的时代看，儿童在资本主义社会极端恶劣的条件下参加社会生产，是不符合伦理的，是畸形的，从而应该是被批判的。然而，如果说从为将来的发展奠定基础的角度来讲，儿童参加生产劳动则是应有之义，是进步的、健康的，也是合乎规律的，也即“为了吃饭就必须劳动”，这都不是以人的意志为转移的。而使马克思看到了劳动和教育相结合的必然性的是现代工业的发展，在《共产党宣言》中，马克思就提到："资产阶级在它的不到一百年的阶级统治中所创造的生产力，比过去一切世代创造的全部生产力还要多，还要大。"可见，当时的马克思就已经意识到了现代科技的发明和应用所带来的巨大的生产力。这样一来，劳动者对现代生产技术的熟练掌握就显得非常重要了，而劳动者对现代生产技术的熟练掌握，就不得不依靠教育来完成，因而，劳动者的劳动和教育相结合就成为一种必然趋势。因此，应该"对所有儿童实行公共的和免费的教育。取消现在这种形式的儿童的工厂劳动。把教育同物质生产结合起来"。马克思进一步指出："因为在按照不同的年龄阶段严格调节劳动时间并采取其他保护儿童的预防措施的条件下，生产劳动和智育的早期结合是改造现代社会的最强有力的手段之一。"针对教育与生产劳动相结合的可能性，马克思这样论述："尽管工厂法的教育条款整个说来是不足道的，但还是把初等教育宣布为劳动的强制性条件。"这一条款的成就第一次证明了智育和体育同体力劳动相结合的可能性，从而也证明了体力劳动同智育和体育相结合的可能性。

(三)马克思主义经典作家的劳动思想

"马克思主义是科学的理论，创造性地揭示了人类社会发展规律。"马克思主义经典作家的理论是被实践证明了的科学的理论，具有基础性、理论性和指导性。深入挖掘马克思主义经典作家的劳动思想及教育思想不仅可以为新时代大学生劳动观培养奠定理论基础，也为大学生劳动观培养指明了方向。

1. 劳动创造了人和人类社会

是什么促使人脱离动物世界转变成了有意识的社会人？恩格斯用"劳动创造了人本身"概括了马克思关于劳动与人的关系的论述。马克思认为，人既具有自然属性，也具有社会属性，是自然属性和社会属性相统一的存在。真正能够体现人的存在的是人的社会属性。劳动是使人从自然的存在转化为社会的存在的中介，在形成人和人类社会过程中，劳动具有本体价值。

第一，劳动使人类摆脱了最初的动物状态。劳动使人从自然界中分离出来，实现了"人化自然"。劳动是联结人与自然界的中介，在人类摆脱对自然界的依赖关系中发挥着至关重要的作用。首先，劳动使人脱离自然界的束缚后，又重新建立起了与自然界的联系。在人与动物"相揖别"后，人以劳动为中介与自然界建立起能动的联系，区别于动物式的简单获取，人通过劳动从自然界中获得吃、穿、住等生活资料，并且以此为基础开展政治、经济、文化等各种活动。其次，劳动为人类创造了"人化自然"的环境。人类的生存空间是经过人类加工的自然环境，区别于动物，为了创造适合人类生存的环境，人类通过劳动逐渐改变自然环境，使之适合人类生存。随着人类改造自然的能力逐渐增强，自在的自然环境逐渐减少，人化的自然则普遍存在，这也反映了人类劳动的创造性和普遍性。最后，劳动推动猿脑向人脑转变。恩格斯认为劳动以及在劳动中形成的语言共同推动着猿脑向人脑的转变，同时，人脑的发育及感觉器官的发育进一步推动了语言及人的抽象思维和推理能力的提升，最终形成了完整的人。随着劳动、语言、脑的发育及其功能的完善，人们之间的社会交往逐渐增多，从而结成了社会关系，形成了社会，人最终从动物界中分离出来。

第二，劳动促进人类社会的形成。从自然界中进化而来的人，如果单就其生理机能来说已经具备了人的所有生物特征，比如，直立行走、灵活的手、发达的人脑等。但是人之所以为人，并不在于生物特征上与动物的区别，而主要是具备社会属性。人在摆脱动物界后进入社会，转变为社会人，才能称为真正的人。在一定的社会关系中，人的本性得以提升，而一定社会关系的建立则有赖于人的劳动。劳动创造的财富满足了人类生存的第一个前提。在物质生产满足了人的基本生活需求后，人就会产生繁殖的需求，从而形成家庭。随着新的需求的增长，生成了人与人之间的更广大的社会关系，马克思称之为“许多个人的共同活动”。因此，人们从事物质资料的生产与他所处的社会关系密不可分，两者相互促进、相互发展。正是通过生产劳动而形成的社会关系，生物人才得以转变为社会人。因此，一定的物质资料的生产方式决定了人们的生活方式以及在一定社会中呈现的整体状态。劳动不仅完成了生物人转变为社会人的过程，也促进人类社会的形成。因为，在社会生活中，劳动作为人的社会性存在方式，必然与他人内在地相连，并且通过劳动分工得以实现。人们通过物质生产结成一定的生产关系，“生产关系总和起来就构成所谓社会关系，构成所谓社会”。总之，物质资料的生产推动着人类社会的关系不断丰富和扩大，结成了政治生活、经济生活、文化生活等社会关系，进而促进了人类社会的形成与发展。

第三，劳动确证了人的本质。马克思指出动物只是依据本能来维持自身的生存，其行为受本能的驱使，下意识或无意识占据了动物的绝大部分行为。人的类特性是自由的有意识的活动，是一种活动能力，人的主动性的根源，表现为人的类本质。人的这种意识性是建立在客观的对象性活动的基础上的，而不是黑格尔所阐述的意识实体是人的本质。黑格尔的精神分析哲学，颠倒了存在和意识的先后关系。马克思认为人的意识具有非物质性，但意识却有内在的自觉性，它放弃抽象才能达到它的对立面的本质——自然界。正是通过有意识的对象化劳动过程，人才实现了自己的本质。马克思对这种自由而有意识的活动进行进一步考察，他指出人的这种活动是人的类特性并且通过生产生活表现出来。“这种生产是人的能动的类生活。通过这种生产，自然界才表现为他的作品和他的现实。因此，劳动的对象是人的类生活的对象化。”至此，马克思把人的本质特性与生产生活联系了起来，表明人的本质在生产实践活动中不断生成。人通过不断地对对象世界的改造，把自己的生命对象化。生命的对象化体现为劳动者把自由而有意识的活动凝结在了产品中。这种对象化是一种有目的的主体施加于客体的活动，是人的自由而有意识的活动的类特性的表现形式。在《1844年经济学哲学手稿》中，马克思以经济学和哲学为切入点对劳动进行了抽象的人本主义解读，但此时“抽象”的劳动是建立在唯物主义基础上的本体论意义上的劳动。随后，马克思对劳动进行了历史的、具体的分析研究。马克思指出：“人的本质不是单个人所固有的抽象物，在其现实性上，它是一切社会关系的总和。”劳动的实质是有目的的改造世界的生产实践活动，正因为这种生产实践活动必然表现为社会性，人的本质就表现为社会性。通过劳动，人与自然、人与社会建立了广泛的联系，为意识形成和发展提供了素材，为语言的形成提供了来源。人的本质是社会关系的总和，而社会关系则是人们在劳动的过程之中形成的，人们经过劳动建立起了广泛的经济关系、政治关系、法律关系、宗教关系等。因此，劳动不仅创造出了人特有的生物特性，也创造了人特有的社会属性，人的本质是一切社会关系的总和的论断与劳动确证人的本质具有内在一致性。

2. 劳动推动人类社会的进步和解放

马克思、恩格斯立足于历史唯物主义，阐明一切社会生活都是建立在满足人的吃喝住穿的物质生活需要之上的，证明人类的历史是生产劳动的历史，劳动不仅推动人类社会进步，而且将成为人类获得解放的途径。

第一，生产力与生产关系的矛盾运动推动人类社会的进步。生产力指的是劳动者在劳动过程中借助一定的生产工具、运用一定的劳动手段改造自然的能力。生产关系指的是人们在劳动实践的过程中形成的相互联系的社会关系，包括生产过程中形成的生产、分配、消费、交换等各种关系。其中，所有制关系和分配关系是生产关系中最重要的关系。马克思、恩格斯把社会关系定义为“人与人之间的关系”，生产关系是社会关系的重要组成部分，也是主导的关系。马克思、恩格斯提出了生产关系一定要适应生产力发展的要求、生产关系对生产力具有反作用力的理论。基于生产力和生产关系的矛盾运动，马克思、恩格斯通过分析指出经济基础决定上层建筑，上层建筑反作用于经济基础。他们认为：“不是意识决定生活，而是生活决定意识。”他们把唯物主义贯穿于社会历史的研究之中，从而实现了认识论上的历史性的转折。马克思、恩格斯揭示了生产力、生产关系、上层建筑三者的关系，认为生产力发展水平决定了物质生产方式，进而决定了社会生产关系，这是理解整个历史的基础。从生产关系出发形成了与之相适应的社会制度和意识形态，同时这些上层建筑也对生产力和生产关系具有反作用。生产力和生产关系的矛盾运动，具体表现在不断推动着人类社会形态的演进。马克思、恩格斯根据人们所处的社会关系，将人类社会划分为，人的依赖社会形式、物的依赖社会形式、人的全面发展社会形式。在前资本主义社会阶段，个人表现为不独立，从属于社会共同体之中。个人在共同体内的地位处于自由与依附、支配与被支配的关系。因为，“人的生产能力只是在狭小的范围内和孤立的地点上发展着”。随着生产力的发展，旧的生产关系与生产力发展水平已经不相适应时，社会形态向“以物的依赖”的社会形式发展，也就是资本主义社会形式，建立起了资本主义雇佣制度。这种制度表面上公平，但实质只是由对人的依赖转变成了对物的依赖，作为底层的工人仍然摆脱不了被当作机器的奴隶的命运。只有在生产力高度发展的共产主义社会，人才能实现自由而全面的发展，生产关系呈现完全的平等，生产关系能完全适应生产力的发展要求。社会成员之间也不存在对人的依赖和对物的依赖，而是完全处于自由平等的关系。

第二，劳动将实现人类的解放。马克思考察发现：“工人生产的财富越多，他的产品的力量和数量越大，他就越贫穷。”而且人们普遍厌恶劳动，在生产劳动中人们像躲避瘟疫一样躲避劳动，这显然有悖于劳动的本真，马克思把这种劳动称之为“异化劳动”。“异化劳动使人自己的身体，使他之外的自然界，使他的精神本质，使他的人的本质同人相异化。”在资本主义社会，异化劳动普遍存在，劳动表现在人同自身的关系上、人同自然的关系上、人同人的关系上的异化。异化劳动给劳动者带来的压迫显而易见，“他在自己的劳动中不是肯定自己，而是否定自己，不是感到幸福，而是感到不幸，不是自由地发挥自己的体力和智力，而是使自己的肉体受折磨、精神遭摧残”。异化劳动给自然界带来严重的破坏，资本主义为了追求利益，造成了人与自然之间的对立和背离。异化劳动使人与人的关系遭到破坏，“当人同自身相对立的时候，他也同他人相对立”。在资本主义社会，随着生产力的发展，资本主义私有制条件下的阶级对立将达到顶点，消灭私有制，建立共产主义就成为必然的历史结果。共产主义是社会发展的合乎逻辑的结果。生产力和生产关系的矛盾运动的结果就是消灭私有制，实现生产资料的公有制，最终彻底改变人们的“交往方式”和“过去的生产”，从而实现共产主义。在共产主义社会里，生产力高度发达，社会将变成自由人的联合体，劳动将由阶级社会的强制活动变成自由自觉的活动，是人们全面发展的需要。

3. 教育必须与生产劳动相结合

马克思指出教育与生产劳动相结合是大工业生产发展的必然趋势。唯物史观认为生产方式制约着整个社会的生活，同样也制约着教育和生产劳动的相互关系。在资本主义大工业生产以前，生产力水平相对低下，学校不需要对劳动者进行专门的劳动教育，生产劳动的经验和技能通过师徒制或者父传子的形式世代相传。学校教育是为脱离直接生产劳动的阶级服务的，不需要与生产劳动相结合。在资本主义社会之前，学校教育与生产劳动相分离，既有生产力水平低下的原因，也有阶级对立的原因。随着资本主义的发展，进入工业社会以后，资本主义的生产方式需要大量懂技术的工人，因此，只有教育与生产劳动相结合，才能使“工人尽可能多方面的发展”，造就“可随意支配的人员”和“全面发展的个人”。正是在资本主义大工业发展的背景下，马克思主义的教育与生产劳动相结合的思想被提出来了。马克思在《哥达纲领批判》中指出：“生产劳动和教育的早期结合是改造现代社会的最强有力的手段之一。”

教育与生产劳动相结合可以促进生产力的发展，有助于消灭旧分工并推动资本主义社会生产的矛盾发展，是推动资本主义向社会主义过渡的一项重要措施。教育与生产劳动相结合可以提高劳动者的素质，进而提高社会生产力。劳动过程是由生产资料、生产对象、劳动者三个部分组成的。一定社会条件下的生产力水平、生产资料和劳动对象相对是不变的，但是劳动者的素质却可以获得较快的提升，因此，生产力水平的发展，劳动生产率的提升，有赖于劳动者素质的提高。教育可以有效地提升劳动者的能力，因此，“工人要发挥一定的劳动能力，要改变他一般的天然才能，使其能够完成一定的劳动，他就得受训练和学习，也就是必须受教育”。随着大工业的进一步发展，科学技术在生产力发展中的作用越来越明显，智力因素的作用越来越得以凸显。恩格斯在考察英国大工业生产发展状况后指出，几乎包括工业在内的所有工作都需要相当的文化程度。恩格斯指出，在消灭私有制以后，将工农业水平提高到高度水平，“单靠机械的和化学的辅助工具是不够的，还必须相应地发展运用这些工具的人的能力”，也就是说，提高生产力水平需要通过教育与生产劳动相结合提高劳动者的劳动能力。

教育与生产劳动相结合是造就全面发展的人的唯一方法。马克思、恩格斯汲取了约翰·贝勒斯、卢梭、欧文等人的合理思想，提出了自己独特的教育与生产劳动相结合的思想。马克思指出：“现代工业吸引男女儿童和少年来参加伟大的社会生产事业，是一种进步的、健康的和合乎规律的趋势，虽然在资本主义制度下它是畸形的。”马克思、恩格斯从社会发展和工人阶级的角度指出必须摒弃资本主义对儿童的摧残和剥削，以保护和培养工人为出发点实行教育与生产劳动相结合，“最先进的工人完全了解，他们阶级的未来，从而也是人类的未来，完全取决于正在成长的工人一代的教育”。可见，马克思把教育与生产劳动相结合视为推动社会发展的关键因素之一，视其为改造社会的最强有力的手段之一，也是培养全面发展的人的根本途径和方法。随着社会的发展，现代社会对劳动者的生产技能和文化水平的要求逐步提高，劳动者的素质决定了一个国家的发展水平与潜力，证明了马克思主义的教育与生产劳动相结合的理论的科学性。由于历史条件的限制，马克思、恩格斯没有具体论述社会主义条件下教育与生产劳动相结合的细节，但却给我们指明了教育的方向，奠定了劳动观培养的理论基础。

4. 倡导具有共产主义性质的劳动态度

唯物史观的创立使马克思、恩格斯的劳动思想具有了现实的意义和内涵，劳动价值论和剩余价值理论的创立，深刻地揭示了资本主义劳动的本质和矛盾，为社会主义和共产主义的劳动指明了方向。但是由于马克思、恩格斯所生活的时代，还没有真正建立起社会主义社会，所以马克思、恩格斯对社会主义和共产主义的劳动只是做了科学的构想。列宁生活在社会主义建立和发展的时代，他探索了共产主义性质的劳动态度，倡导广大人民群众逐渐形成共产主义性质的劳动态度。列宁认为异化劳动是资本主义生产资料私有制造成的。所以，无产阶级革命胜利以后，只有采用无产阶级专政，实行生产资料全民所有制，才能实现对劳动的彻底改造。在共产主义社会里，由于消灭了剥削的基础，社会生产力高度发展，劳动将是自觉的、享受的，为自己而进行的活动，人们通过劳动获得发展。但是，列宁也指出，从推翻资本主义到实现共产主义，由于生产力还没有达到共产主义水平，需要一个很漫长的社会主义过渡时期。在这个过渡时期，劳动成果将实行“按劳分配”，这种分配方式将极大地提高劳动者的生产积极性，促进生产率的提高。因此，列宁提倡开展劳动竞赛。列宁认为：“组织竞赛在苏维埃政权的经济任务中应当占有显著的地位。”

列宁驳斥了资产阶级经济学家认为社会主义国家否认竞赛的说法，因为竞赛在资本主义国家里是各个生产者争夺利益和市场的一种特有形式，但在社会主义国家中，由于消灭了生产资料私有制，这种个人利益的争夺已经消除，竞赛可以提高生产效率，提高人民的生活水平。列宁强调：“我们开始社会主义改造的时候，应该给自己清楚地提出这些改造归根到底所要达到的目的，即建立共产主义社会。”随着物质文化的发展，将实行“各尽所能，按需分配”的分配原则。列宁从社会主义现实的角度，探索了社会主义劳动的性质和特点，制定了一系列的政策和法令，将马克思、恩格斯关于社会主义劳动的认识推进到了实践层面。

依据马克思对共产主义的定义，社会主义属于共产主义的低级阶段。在探索了社会主义劳动之后，列宁认为社会主义劳动尽管与共产主义劳动有许多不同，但是社会主义劳动具有共产主义劳动性质，并且具备向共产主义劳动发展的基础。因此，列宁鼓励人民树立共产主义性质的劳动态度。他认为，共产主义劳动应该完全是为了社会利益而劳动，不计个人得失和报酬，“这种劳动不是为了履行一定的义务、不是为了享有取得某些产品的权利、不是按照事先规定的法定定额进行的劳动，而是自愿的劳动，是无定额的劳动，是不指望报酬、不讲报酬条件的劳动，是按照为公共利益劳动的习惯，按照必须为公共利益自觉要求（这已成为习惯）来进行的劳动，这种劳动是健康的身体的需要”。但是，列宁对培养共产主义性质的劳动态度也有着清晰的认识，他认为，培养共产主义性质的劳动态度需要具备一定的经济基础，并且群众需要具备高度的社会主义思想觉悟。这需要经历一个漫长的时期，需要经过思想斗争和教育。培养共产主义的劳动态度和精神比推翻资产阶级更困难，需要克服小资产阶级的利己主义思想。在社会主义阶段，共产主义性质的劳动不能作为普遍的规范要求人们加以遵守，需要在最有觉悟的人中提倡，在领导干部中提倡，利用榜样的示范作用带动广大人民群众逐渐形成共产主义劳动态度。1919 年 5 月，莫斯科—喀山铁路工人发起了星期六义务劳动，列宁给予了高度评价，称颂星期六义务劳动是“活生生的现实当中的共产主义”。列宁赞扬星期六义务劳动是因为它体现了自愿性、主动性、创造性、无偿性、自由自觉等共产主义的劳动态度。列宁指出：“在无产阶级国家政权的支持下，共产主义的幼芽不会夭折，一定会茁壮地成长起来，发展成为完全的共产主义。”列宁对共产主义性质的劳动态度的探索是对劳动是人的第一需要在实践层面的进一步深化和发展。

此外，列宁发展了马克思的教育与生产劳动相结合的思想，非常重视对学生的劳动教育。显然，列宁已经认识到在实现生产资料公有制改造后，作为刚刚建立的社会主义国家的主要问题是劳动生产率亟需提高。只有劳动者不断提高科学文化知识和劳动技能，才能提高劳动生产率，满足巩固政权和人民群众受教育的需要。

二、黄炎培劳动教育思想

黄炎培是近代中国著名的教育家、爱国民主人士、职业教育的开拓者，他的教育思想内涵丰富、理论先进、实践性强，尤其是他的职业教育思想，奠定了现代职业教育的基础，为我国职业教育发展做出了突出贡献。劳动教育是黄炎培职业教育思想的重要内容和有力抓手，并且贯穿其职业教育思想发展的始终。黄炎培劳动教育思想对新时代学校劳动教育的实施具有重要的借鉴价值，为新时代培养高素质劳动者、全面实现社会主义现代化和实现中华民族伟大复兴提供了先行探索和重要的行动参考。

（一）黄炎培劳动教育思想的形成

黄炎培（1878—1965），号楚南，字任之，笔名抱一，江苏省川沙县（今上海浦东新区）人，中国民主革命家、教育家，近代职业教育发展奠基者，他的职业教育思想对于我国近代职业教育发展起到了关键性作用。黄炎培积极参与职业教育实践，在职业教育实践过程中不断形成和发展了他的劳动教育思想。

1. 职业教育实践中逐渐形成劳动教育思想

在黄炎培的职业教育体系中，劳动教育是实施职业教育的重要措施，同时也是改善社会风气的必然选择。他认为，职业教育是个人谋事、社会发展的必要途径，而劳动教育是将知识与技能、动手与动脑完美结合的有效途径。黄炎培将“使无业者有业，使有业者乐业”作为职业教育的终极目标，体现了他对劳动教育本质的认识。职业教育是一种传递知识与经验的社会活动，需要在前人的基础上进行效仿与改进，从而使知识与经验不断向前发展，不断适应社会发展。要想使前人的知识与经验能够更好地与现实社会相适应，离不开劳动教育。辩证地认识到劳动教育与职业教育的微妙关系后，黄炎培决定通过职业教育实践的方式传播自己的劳动教育思想，通过不断实践，他的劳动教育思想逐渐形成。

1903 年，黄炎培创办了川沙小学堂，川沙小学堂的兴办标志着我国新式学堂的开办。辛亥革命前后，黄炎培先后创办了中学、职业学校、大学共计 10 余所。1917 年 5 月，他联络全国各界知名人士在上海发起成立了中华职业教育社，并编辑出版了《教育与职业》《国讯》等杂志，并于 1918 年创办了中华职业学校。各式各类学校的开办对于推行职业教育思想起到了关键作用，同时也是劳动教育思想能够落地生根的保障。在学生入学伊始，他引导学生签订劳动协议书，要求学生尊重劳动，并参与校内环境改造、接待等，在学做结合中传递尊重劳动、尊重劳动者的思想。在中华职业学校中，他不仅教授学生必要的知识、技能，还重视学生的劳动体验，使学生“尝艰难险阻”，养成“习劳耐苦”的精神品质，他还在《中华职业教育宣言》中要求“各级教育，应于训练上一律励行劳动化”。通过开展各项实践活动，他的劳动教育思想得以迅速传播。

2. 推广中不断发展劳动教育思想

通过多次实地考察，黄炎培发现大多数毕业生缺乏必备的专业素养和谋生的一技之长，他认为当下教育无法直接服务于生产劳动，更不必说富国强民。在这样的背景下，黄炎培自觉地担负起教育救国重任，不仅积极参与各式各类学校的建设，宣传与推广职业教育思想，还通过著书立说等形式传播、推广劳动教育思想与职业教育思想。

1913 年，他发表了《学校教育采用实用主义之商榷》，阐述了他对劳动教育的理解。他认为，劳动教育的作用一是使个人拥有自立的能力，二是使人适应社会发展。

他倡导将学校教育与学生、家庭、社会相关联，对于封建教育专重文字、空疏无用、脱离生活等教育现象进行批判，他提出将“文字的教育”渐改为“实物的教育”，并提倡通过劳动的形式体现出教育的价值与作用。黄炎培立足教育发展实际写下该文，对当时学校存在的“重书本、轻生活”倾向进行了批判，并就此提出了一系列措施，如改进教学方法、改变普通教育观念、适当增加实践等。该文一经发表，得到了举国上下的关注，并形成了一种崇尚劳动的思潮，在全国范围内流行开来。

1914 年，黄炎培与杨保恒合译日本竹原久之助的著作《小学校实用的施设》，并在此基础上结合我国实际编写了《实用主义小学教育法》，该书的出版对实用主义在中国传播起到了一定的推动作用。他认为，应该在中国实施修身、国文、算术、理科、技术等科目的实用教育。在修身、技术实用教育方面，他强调要注重职业道德培养与训练，认为劳动技能的教授、训练离不开职业道德的培养，二者缺一不可。而劳动技能、职业道德都会体现在日常劳作中，因此他提出了职业教育训练的第一要义，即“为群服务”“敬业乐群”，就是要对目前所从事的职业有责任心，且具有高尚情操与协作精神。不仅如此，他还认为实用主义是劳动教育、职业教育实施的重要理论基础，对于开化民智起到了重要指导作用；同时，劳动教育与职业教育的发展也升华了实用主义，使实用主义内涵更加丰富。

当时社会上以“读书做官”为荣、以“读书谋事”为耻的风气兴盛。针对这一现状，黄炎培告诫青年“求学非以自娱”“人生必须服务”，要将一切职业平等化。不仅如此，他提出了尊重劳动、尊重劳动者的思想，推崇“作工自养”，认为这才是人类“最高尚”“最光明”的生活。1923 年，他在《教育与职业》杂志上发表了《职业教育之礁》，提出“求学与习事，初非两橛，以实地功夫求学，以科学方法习事，互相印证，其乐无穷”，辩证地指出了学习与劳动的关系，告诫青年要踏踏实实地学习，用科学方法去劳动。

黄炎培重视劳动教育与职业教育结合，认为社会工业化发展离不开职业教育与劳动教育的结合。他通过实地调查，将职业学校的专业、课程、招生人数、职业道德、毕业要求等都重新进行了制定，做到与劳动教育的有机结合。不仅如此，他还通过中华职业教育社与中华职业学校来传播、实践劳动教育思想，对我国近现代职业教育发展起到了关键的作用，在不断实践推广中逐渐形成了黄炎培劳动教育思想。

（二）黄炎培劳动教育思想的特征

黄炎培倡导职业教育和劳动教育的初衷在于改变重仕鄙劳的社会积习，谋求劳动者个人自养能力和社会安定。在黄炎培教育思想体系中，劳动教育是职业教育的实施希望，也是改变千百年来积重难返的社会习气的重点措施。黄炎培一直追求教育的实用性，提倡办“着重在社会需要”的职业教育，反对办只能在空中飞舞的“飞机式”的职业学校。他认为，职业教育是运用知识技能解决个人谋生和社会发展问题的必要途径，而劳动教育是将知识与技能、动手与动脑结合的有效方式，是职业教育的落实途径与手段。社会化和平民化既是职业学校的办学方针，也是劳动教育的面向范围；实用性和立体性既是职业教育的价值彰显，也是劳动教育的内容特色；主体性和启发性既是受教育者地位的保障，也是劳动教育的教学原则。

1. 教育范围的社会化

1926 年，黄炎培在《教育与职业》上发表了《提出大职业教育主义征求同志意见》，对大职业教育主义思想进行了深度概括。黄炎培提出：“办职业教育，要与教育界、职业界努力沟通联络，提倡职业教育的同时，要分出一部分精力用于全社会的运动。”而作为全社会运动重要组成部分的劳动往往总是被忽略，因此他在提倡职业教育的同时，也关注劳动教育的开展。在黄炎培看来，办职业教育离不开对时代走势的关注，即社会需要什么样的人才，职业学校就应该培养什么样的人才；学生进入职业需要什么样的知识与技能，职业教育就应该教什么；社会上所有人都离不开劳动活动，因此劳动教育必须具有社会性，且应与职业教育、职业学校进行高度结合。社会化既是职业学校的办学方针，也是劳动教育对象的追求范围。黄炎培认为，把职业教育仅用作解决个人生计问题是狭隘的，他倾向于职业教育具有个性化和社会化目的，强调职业院校以“社会化”“平民化”为办学方针，力倡职业教育融入整个教育界，密切联系各行各业的需求，培养技术技能人才。黄炎培针对“职业教育之问”，将社会化和平民化作为帮助职业教育达到预期结果的突破口。“社会化”强调职业教育办学不能脱离社会的需求，同时还要获得社会各界的帮助。职业教育的三大原则之一就是“宜从平民社会入手”。“平民”一词最早来自对日本劳动者的翻译，即劳动者的意思。职业教育的开展应从劳动者所在的社会入手，劳动教育具有社会化特征，旨在引导教育为社会生产服务，同时教育对象要面向全社会的劳动者。黄炎培的劳动教育思想大多和平民教育相融合，在《“五四”纪念日敬告青年》中，黄炎培喊出“劳工神圣，是吾人良心”的主张。并且认为教给可怜的工人知识，帮助工人提高待遇，才能救助工人使其彻底觉悟。劳动教育社会化和平民化，是保障职业教育面向全社会劳动者，激发劳动者的学习潜力，提高劳动者自养能力的必选途径。

2. 教育内容的实用性

1913 年，黄炎培深入各地进行教育考察后发出感慨：“心理学观念、概念不能区别，‘意志’二字不能解释；教育概论但知外国人名，而学说之取义未明……代数算术题，均待教师板演而抄之。”由此可见，当时教育形式大于内容，尚未与学生生活实际相关联，学生将其迁移到实际生活的能力不足，对于提升劳动者素质、提高劳动者工作效率无益。基于此番调研，黄炎培提出将实用主义思想应用于职业教育与劳动教育中，并提出针对不同劳动者开设不同的专业、课程、教材及实践，以增长劳动者的实践技能与创新能力。作为职业教育、劳动教育的理论基础，实用主义发挥了重要的指导作用。实用主义指导了劳动教育，劳动教育在补充和完善实用主义的同时，又体现了实用主义的价值。黄炎培是民国时期首位倡导职业学校采用实用主义的教育家，他极力推崇美国“无中学不实业”的做法，主张教育内容应具有实用性，且与生活、生产相联系，办落地的职业教育，反对落地不能动的“飞机式”教育。黄炎培认为，办职业教育要把握住三点，实地去做、先试验有效、深入这项职业环境。劳动教育的教育内容要有实用价值，所学知识技能来源于生活并应用于生活，学生在边学边做中获得知识技能的发展。教育内容的实用性伴随着教学材料的“立体性”，他要求教学材料要打破平面教育，以实物或模型标本作为授课工具，切实把握劳动教育特点；同时学生应真实、亲身体验劳作，以获得观念、情感上的发展。黄炎培认为，打破平面教育，建立立体教育，让学生在自行实践中学习，伴随听觉、视觉以及身体劳动的筋肉知觉，能在知识、观念、技艺方面达到事半功倍的目的。黄炎培曾在一篇文章中三次强调劳动体验的重要性：“尝艰难险阻，为习劳耐苦之唯一善法”“观渔樵农牧勤苦，可以知生计之艰难”“服食器用准备，养成独立自治精神与绵密思想”。“立体性”的劳动教育旨在帮助学生调动多种感官的参与，在接触实物以及实践的过程中感受劳动的高尚、劳动者的艰辛，从而养成不畏艰辛的劳动精神与尊重劳动者的价值观念。

3. 教育对象的主体性

黄炎培倡导劳动教育并不是一味地要求学生做事，而是在结合学生发展特点的原则下，运用启发的教学方法保障学生参与劳动的主体性，激发学生参与劳动的主动性，因此他提出了《南洋学校儿童脑力体力之保护法》。黄炎培追求教育“为谋个性之发展”，认为职业教育的教学原则之一即“因材施教”。关于劳动教育，黄炎培结合实践经验多次强调对学生进行因材施教，呼吁教育内容要因人而异，比如，对于男女学生，劳动教育的内容不能千篇一律。在如何实施职业教育方面，解决方案之一就是因职业性质进行“男女分别”的教育，男生适合学习金工、木工等工科，女子适合学习烹饪、裁缝、家事等专业；在学校专业设置方面，黄炎培推崇学校要“依学生志愿”，注重学生的个别差异性，尊重学生个人意愿，发挥学生的长处与创造性。如此一来，劳动者从事与其个性相适应的职业，才有助于自身和社会的发展。黄炎培认为保障学生主体性的教学方法应为启发陶冶法，用陶冶法可以调动学生劳动的热情和习惯。黄炎培认为人刚接受教育的时候，是不知道自己正在被陶冶的，教育者要把握学生的发展特点，使学生“初未尝有意于为工而工在其中焉”。启发诱导教学法不仅能帮助学生在“知行合一”的过程中增益智能，而且能使学生深明事理，即懂得人生的劳动“不专为个人生活计，而在恪尽其直接对群、间接对国的神圣义务”。教育者要充分利用启发陶冶的方法帮助学生养成“劳动、惜物、储蓄、经济诸良好惯习”以及为社会服务的精神。

三、中国特色社会主义劳动教育观

党的二十大报告突出科教兴国战略、人才强国战略、创新驱动发展战略的地位，首次对教育、科技、人才进行“三位一体”统筹安排，作出了“全面贯彻党的教育方针，落实立德树人根本任务，培养德智体美劳全面发展的社会主义建设者和接班人。坚持以人民为中心发展教育，加快建设高质量教育体系，发展素质教育，促进教育公平”的战略部署，劳动教育十年来第一次被写入党代会报告，再次彰显其在“全面培养人、培养全面的人”中的重要地位。劳动教育是我们伟大的中国共产党从无到有、从弱到强，取得伟大胜利的宝贵法宝之一。我党历史上从开国领袖毛泽东同志开始，经过邓小平同志、江泽民同志、胡锦涛同志，到习近平同志都高度重视劳动教育，2020 年 3 月，中共中央、国务院下发了《关于全面加强新时代劳动教育的重要决定》，要求全国各级各类学校要充分认识新时代培养社会主义建设者和接班人对加强劳动教育的新要求，提出全面构建体现时代特征的劳动教育体系，要求全体学生广泛开展劳动教育实践活动，着力提升劳动教育支撑保障能力，切实加强劳动教育的组织实施。

1949 年 10 月 1 日，中华人民共和国成立。刚刚当选为中华人民共和国中央人民政府主席的毛泽东发布公告，宣布中央人民政府“接受中国人民政治协商会议共同纲领为本政府的施政方针”。《中国人民政治协商会议共同纲领》确认了“中华人民共和国的文化教育为新民主主义的，即民族的、科学的、大众的文化教育”的基本方针。在中国共产党从革命转向建设的初期，首先坚决摧毁了半殖民地半封建社会的教育制度，迅速完成了对旧中国教育制度的“坚决改造”。中央人民政府政务院 1951 年颁布《关于改革学制的决定》，重点向工农大众敞开教育普及大门，努力保障广大人民群众受教育的基本权利。

1956 年，党的八大宣告我国完成了从新民主主义到社会主义的过渡。1957 年，以毛泽东同志为主要代表的中国共产党人提出：“我们的教育方针，应使受教育者在德育、智育、体育几方面都得到发展，成为有社会主义觉悟的有文化的劳动者”。这标志着我国的教育方针由新民主主义教育方针转变为社会主义教育方针，我国开始了建立社会主义教育制度的新征程。1958年，毛泽东同志认为："教育必须为无产阶级政治服务，必须同生产劳动相结合。劳动人民要知识化，知识分子要劳动化。"同年，《中共中央、国务院关于教育工作的指示》提出："党的教育工作方针，是教育为无产阶级的政治服务，教育与生产劳动相结合。……教育的目的，是培养有社会主义觉悟的有文化的劳动者。"这是党在社会主义建设初期对教育方针的积极探索。

1978年，党的十一届三中全会开辟了改革开放和社会主义现代化建设新时期，邓小平同志作为第二代党中央领导集体的核心，对我国教育重大问题做了深刻阐释，逐渐形成了邓小平教育理论体系，成为邓小平理论的重要组成部分。面对世界经济、科技竞争的形势和我国经济实力薄弱、资源不足、人口众多的基本国情，邓小平同志指出，社会主义的根本任务是发展生产力，科学技术是第一生产力。"我们要实现现代化，关键是科学技术要能上去。发展科学技术，不抓教育不行。""我这里说的关于教育、科技、知识分子的意见，是作为一个战略方针、一个战略措施来说的。从长远看，这个问题到了着手解决的时候了。"1992年，邓小平同志在视察南方时再次指出："经济发展得快一点，必须依靠科技和教育。"

邓小平同志站在社会主义历史命运的高度，反复强调要坚持社会主义办学方向，处理好坚持改革开放与坚持四项基本原则的关系，造就一代又一代社会主义事业的建设者和接班人。他积极倡导，"我们在建设具有中国特色的社会主义社会时，一定要坚持发展物质文明和精神文明，坚持'五讲''四美''三热爱'，教育全国人民做到'有理想、有道德、有文化、有纪律''革命的理想，共产主义的品德'，要从小开始培养"。

为了完善新时期党的教育方针，邓小平同志从教育事业必须与国民经济要求相适应的角度出发，强调教育与生产劳动相结合。1978年，邓小平同志指出："为了培养社会主义建设需要的合格的人才，我们必须认真研究在新的条件下，如何更好地贯彻教育与生产劳动相结合的方针。"邓小平同志对教育与生产劳动相结合的组织工作进行了具体部署，对马克思主义教育思想做出了重大贡献。

1990年，党的十三届七中全会在关于"八五"计划的建议中提出："继续贯彻教育必须为社会主义现代化服务，必须同生产劳动相结合，培养德、智、体全面发展的建设者和接班人的方针，进一步端正办学指导思想，把坚定正确的政治方向放在首位，全面提高教育者和被教育者思想政治水平和业务素质。"

1993年，中共中央、国务院发布的《中国教育改革和发展纲要》重申，"各级各类学校要认真贯彻'教育必须为社会主义现代化建设服务，必须与生产劳动相结合，培养德、智、体全面发展的建设者和接班人'的方针"。1995年颁布的《中华人民共和国教育法》第五条规定："教育必须为社会主义现代化建设服务，必须与生产劳动相结合，培养德、智、体等方面全面发展的社会主义事业的建设者和接班人。”这是以教育基本法形式确定的国家教育方针。

1999 年，中共中央、国务院《关于深化教育改革全面推进素质教育的决定》指出："实施素质教育，就是全面贯彻党的教育方针，以提高国民素质为根本宗旨，以培养学生的创新精神和实践能力为重点，造就‘有理想、有道德、有文化、有纪律’的、德智体美等全面发展的社会主义事业建设者和接班人。”2002 年，党的十六大报告提出：“全面贯彻党的教育方针，坚持教育为社会主义现代化建设服务，为人民服务，与生产劳动和社会实践相结合，培养德智体美全面发展的社会主义建设者和接班人。”这是关于党的教育方针的全面阐述，为 2015 年《中华人民共和国教育法》的修订提供了重要依据。

党的十八大以来，以习近平同志为核心的党中央领导全党全国人民推动中国特色社会主义进入了新时代，在统筹推进中国特色社会主义事业“五位一体”总体布局中，更加高度重视教育事业，围绕协调推进“四个全面”战略布局，在党的十八届三中、四中、五中、六中全会上相继做出重要部署，对深化教育领域综合改革、全面推进依法治教办学、加强教育系统党的建设、促使教育更好地服务全面建成小康社会大局，提出了一系列更为具体的要求。2016 年 12 月，习近平总书记在全国高校思想政治工作会议上提出，“高校培养什么样的人、如何培养人以及为谁培养人”，是一个“根本问题”。2018 年，在全国教育大会上，他再次强调关于教育“根本问题”的观点，指出：“党的十八大以来，我们围绕培养什么人、怎样培养人、为谁培养人这一根本问题，全面加强党对教育工作的领导。”在明确教育“根本问题”的同时，他又提出了关于教育“首要问题”的观点，把“培养什么人”论定为“教育的首要问题”。

习近平关于劳动的思想是中国化的马克思主义劳动观，蕴含深刻的劳动思想和实践智慧。习近平指出：“劳动创造了中华民族，造就了中华民族的辉煌历史，也必将创造出中华民族的光明未来。”劳动是财富的源泉，是幸福的源泉，也是创造价值的唯一源泉。国家富强与社会发展依靠劳动，人民的幸福生活也离不开劳动。“人世间的一切幸福都需要靠辛勤的劳动来创造。”当前，我国的人口红利逐渐消失，经济发展呼唤高素质的劳动者。人工智能、大数据蓬勃发展，纯体力劳动逐步被替代，社会进步渴求大国工匠。社会发展推动劳动形式千变万化，新生业态层出不穷，劳动关系更加复杂。我们亟待创造性劳动来破解发展的难题，实现国家的繁荣昌盛。习近平强调：“必须牢固树立劳动最光荣、劳动最崇高、劳动最伟大、劳动最美丽的观念，让全体人民进一步焕发劳动热情、释放创造潜能，通过劳动创造更加美好的生活。”在我国，劳动者没有高低贵贱之分，一切劳动都是有价值的，一切诋毁劳动的行为都是可耻的。要使“劳动最光荣”成为人们的坚定信念，让“劳动创造价值”成为整个社会的共识。

习近平在全国教育大会上提出，要构建德智体美劳全面培养的教育体系，将劳动教育提升到新的高度。十八大以来，习近平多次强调要加强青年学生的劳动教育。他指出："要在学生中弘扬劳动精神，教育引导学生崇尚劳动、尊重劳动，懂得劳动最光荣、劳动最崇高、劳动最伟大、劳动最美丽的道理，长大后能够辛勤劳动、诚实劳动、创造性劳动。"劳动本身就具有教育的功能，要将劳动贯穿到学生成长成才的全过程。青少年是国家的希望，要引导他们从小就树立"劳动最光荣"的理念，培养其独立自主的意识、热爱劳动的品质。要通过劳动磨炼意志、增强本领，让劳动成为青春远航的不竭动力。要深入开展劳动教育实践活动，引导人民坚定四个自信，树立正确的劳动观。习近平强调要培养一大批勤于劳动、善于劳动的高素质劳动者，这是劳动教育的重要目标。劳动者素质是立身之基，劳动技能是立业之本。要推进我国职业教育的内涵式发展，引导广大劳动者学习劳动知识、科技文化知识，提高劳动素养，练就真本领。要向劳动模范学习，他们是新时代的领跑者，是时代精神的符号。

四、新时代加强劳动教育的意义

在新时代，职业院校推动教育与劳动相结合，发挥劳动教育在人才全面发展中的重大作用，为国家人才培养、科技创新、经济发展提供强有力的力量，对个人、社会、国家均有着重要意义。正如马克思所言，真正的问题"在于改变世界"，而"劳动教育"就是新时代我们砥砺前行、创造美好生活最有力的实践。

（一）学生层面：成人、成才的必然结果

1. 以劳树德

劳动教育的核心是培养劳动价值观、劳动情感态度和劳动伦理品德，与道德教育有着天然的密切联系。大学阶段是人生的拔节孕穗期，需要精心引导和栽培，尤需以劳树德，扣好人生的第一粒扣子。把劳动教育纳入人才培养全过程，注重培养大学生勤俭、奋斗、创新、奉献的劳动精神，引导大学生树立正确的劳动观，崇尚劳动、尊重劳动，增强对劳动人民的感情，报效国家，奉献社会。

劳动本身就是一种美德，要引导学生深刻理解"幸福是奋斗出来的"，认识到唯有通过辛勤劳动才能实现人世间的美好梦想，从而更加坚定为中华民族伟大复兴而奋斗的理想信念；要引导学生积极践行社会主义核心价值观，主动参加志愿服务，勇于担当时代责任，不断增强社会责任感和公益心，大力弘扬社会文明新风；要引导学生

更加珍惜劳动成果，明白“成由勤俭败由奢”的道理，牢固树立节约光荣、浪费可耻的思想观念；要引导学生懂得“天下大事，必作于细”，成就事业必须脚踏实地，把劳动当作锻炼自己难得的机遇，用不懈劳动创造出彩人生，为民族复兴赋能。

作为浙江金融职业学院的学生更应该践行好“诚信、明理、笃行”的学风，坚持“诚实劳动”，热爱并踏实做好自己的工作，充分发扬工匠精神；还在于发乎本心，遵循天道。习近平总书记在讲到“诚实劳动”对国家发展、人民生活的意义时指出：“人世间的美好梦想，只有通过诚实劳动才能实现；发展中的各种难题，只有通过诚实劳动才能破解。”“诚者，天之道也。”在劳动教育的实践中，重在对学生“诚”的品质的培养。将“诚实劳动”提升到劳动者的义务与使命的高度，从更深层次意义上提高学生的劳动素质。

2. 以劳增智

劳动作为一种创造性活动，是一切知识的源泉。无论是体力劳动还是脑力劳动，要想熟练掌握一项劳动技能，必须手脑并用。大脑指挥手做出各种各样的动作，劳动过程中的不断试错和纠错，又促进了大脑的思考。劳动还能将学生在课本上学到的知识用于实践，学以致用，解决生活问题。在这样的劳动过程中，学生对课本的知识会理解得更深、记得更牢，既训练了实践技能，又促进了智力的不断发展。

例如，浙江金融职业学院坚持工学结合、知行合一，引企入校，建设税友衡信云会计财务共享中心等“教学工厂”，将“教学研创”融为一体，促进学生在做中学、学中做，开展师生合作研究项目、新苗人才计划项目、“挑战杯”创新创业竞赛等，以研究项目为支撑，让更多学生通过高水平研究项目强化技术技能与创新能力培养，构建重点突出、层次分明的实践教学体系。

新时代劳动的形态已发生了重大变化，不仅有传统的简单劳动，还包括新兴、复杂的创造性劳动，特别是以人工智能、大数据、云计算、区块链等为代表的科学技术日新月异，各种新事物、新知识、新技术层出不穷，为新时代的劳动注入新的内涵。新时代实施劳动教育，应与时代发展同向同行、同频共振，应注意手脑并用、安全适度，强化实践体验，让学生亲历劳动过程，注重培养学生的科学精神，引导学生在干中学、在学中干，善于发现问题，勇于探索新知，提高创造性劳动能力，实现智慧劳动、创造劳动，提升育人实效性。

3. 以劳强体

毛泽东同志指出：“欲文明其精神，先自野蛮其体魄。”从人的身体生长发育规律来看，大学时期是生长发育的关键期，这一时期身体的发育状况直接关乎其将来的生命质量。习近平总书记强调:“少年强、青年强则中国强。少年强、青年强是多方面的,既包括思想品德、学习成绩、创新能力、动手能力,也包括身体健康、体魄强壮、体育精神。”劳动不是一种简单的体力或脑力活动,而是一种有效的教育手段、科学的健体方式,特别值得一提的是,适当的体力劳动能够促使人的肌体充满活力,改善血液循环,促进新陈代谢,优化生理机能,磨炼意志耐力,对促进青少年身体发育、培养健康体魄、实现全面发展具有十分重要的作用。实施劳动教育的重点是让学生动手实践、出力流汗,接受锻炼、磨炼意志。这突出强调了劳动教育要以课堂之外的体力劳动为主,符合青年学生身心的成长规律和教育规律,有助于学生强身健体、吃苦耐劳、注重协作,为其全面发展、健康工作、幸福生活打下坚实基础。

4. 以劳育美

审美是人类重要的精神活动,人类发展史既是一部自然进化的历史,也是一部在文明发展中不断自我教育的历史。马克思在《1844 年经济学哲学手稿》中提出了“劳动创造了美”的观点,科学地揭示了美的根源在于劳动,反映了劳动之美是合规律性与合目的性的有机统一。劳动不仅是个体谋生的基本手段,更是通往自由王国的必由之路,一切幸福都源于劳动价值的美丽绽放。习近平总书记强调,幸福不会从天而降,美好生活靠劳动创造。当前,一些青年学生的价值观、幸福观、审美观出现了偏差,有的人不懂劳动、不愿劳动、不会劳动,甚至幻想不劳而获、少劳多得、一劳永逸。美是培育道德精神的重要源泉,对塑造美好心灵具有重要作用。

诗歌中的劳动

李白一生写诗无数,流传下来的就有近千首。他有一首题为《秋浦歌·炉火照天地》的诗:“炉火照天地,红星乱紫烟。赧郎明月夜,歌曲动寒川。”这是一首正面描写和歌颂冶炼工人的诗歌,在我国浩如烟海的古典诗歌中较为罕见,因而极为可贵。

白居易在《观刈麦》中这样写道:“田家少闲月,五月人倍忙。夜来南风起,小麦覆陇黄。妇姑荷箪食,童稚携壶浆。相随饷田去,丁壮在南冈。足蒸暑土气,背灼炎天光。力尽不知热,但惜夏日长。”诗中描写了妇女领着小孩往田里去,给正在割麦的青壮年送饭送水的情景。

唐代诗人李绅可谓把劳动者的勤苦写到了极致,他的《悯农》家喻户晓。其中,

"锄禾日当午,汗滴禾下土"描绘了烈日当空的正午农民在田里劳作的景象,概括地表现了农民终年辛勤劳动的生活。明代冯梦龙有诗云:"富贵本无根,尽从勤里得。"告诉人们所有的富贵荣华,无不是从艰苦的劳动中创造出来的。除此之外,无论是刘禹锡的"美人首饰侯王印,尽是沙中浪底来",还是唐代郑遨的"一粒红稻饭,几滴牛颔血",都在告诫人们,要懂得尊重劳动人民,并珍惜那来之不易的劳动果实。

宋代范成大在《四时田园杂兴》中如此描述农民通宵打稻的情景:"笑歌声里轻雷动,一夜连枷响到明。"写出了农民收获的欢乐和劳动的愉快。而他在另一首同题诗里有云:"昼出耘田夜绩,村庄儿女各当家。童孙未解供耕织,也傍桑阴学种瓜。"又把那种男耕女织的农家生产小景描绘得淋漓尽致。

(资料来源:许媚.新时代劳动教育读本.成都:电子科技大学出版社,2020.)

劳动既具有传授知识技能的教育功能,又具有创造美好的价值功能,注重追求人的自我实现和全面发展。实施劳动教育,可以有效发挥青年学生的主观能动性,深入挖掘学生的创新创造潜能,使学生在致力创造美好的过程中,体验劳动愉悦、收获劳动成果,从而实现自我完善与自我提高,不断增强创造美和欣赏美的能力。构建大中小学各学段上下贯通,普通教育、职业教育与高等教育有机衔接,家庭、学校、社会各方面相互作用的劳动教育体系,引导不同层次、不同阶段、不同类型学生在劳动中循序渐进地培养审美观念、丰富审美体验、提升审美旨趣,深刻认识和理解劳动之美,真正懂得"劳动最光荣、劳动最崇高、劳动最伟大、劳动最美丽"的道理,主动追求更有高度、更有境界、更有品位的美好人生,应是新时代劳动教育的应有之义。

(二)社会层面:民族精神的重要内容

中华民族精神是中华民族在漫长的社会历史发展过程中逐步形成的,它是中华各族人民社会生活的反映,是中华文化最本质、最集中的体现,是各民族生活方式、理想信仰、价值观念的文化浓缩,是中华民族赖以生存和发展的精神纽带、支撑和动力,是创新社会主义先进文化的民族灵魂。自强不息、勤劳勇敢正是中华民族精神的重要内容。《易传》云:"天行健,君子以自强不息。"自强不息是中华民族的优良传统,是改善民生、创造人民幸福生活的重要保证。正如习近平总书记指出的,"人世间的一切幸福都需要靠辛勤的劳动来创造"。从一定意义上说,学生德行的养成、奋斗精神的培养都始于辛勤劳动。引导学生在成长过程中能辛勤劳动并以此为荣,树立劳动最光荣、劳动最崇高、劳动最伟大、劳动最美丽的信念,这是教育的重点与方向。"中华民族是勤于劳动、善于创造的民族。正是因为劳动创造,我们拥有了历史的辉煌;

也正是因为劳动创造，我们拥有了今天的成就。”新时代是奋斗者的时代，实现中华民族的伟大复兴需要付出更为艰苦的努力。

（三）国家层面：繁荣富强的内在要求

习近平总书记在全国教育大会上指出，培养什么人，是教育的首要问题，要培养德智体美劳全面发展的社会主义建设者和接班人，培养一代又一代拥护中国共产党领导和我国社会主义制度、立志为中国特色社会主义奋斗终身的有用人才。“有用人才”“时代新人”的一个重要特征，就是具备劳动的素质，能够弘扬劳动精神、崇尚劳动、懂得劳动最光荣，能够辛勤劳动、诚实劳动、创造性劳动。新时代，建设中国特色社会主义现代化强国，要大力实施创新驱动发展战略，将经济发展与科技创新紧密结合。这对我国教育事业的发展提出了新的更高的要求。通过提倡“创造性劳动”，重点培养一支专业技能过硬、自主创新能力高的新型劳动者队伍，以适应时代发展需要，实现教育、科技与经济三者协调统一发展。创造性劳动关乎未来国家技术创新能力、经济发展、人民生活等多方面的质量与水平，创造性劳动教育势在必行，也任重道远。

拓展学习

为国立“芯”开启“视”界精彩

一台电视机的“雪花点”从变小到消失，图像从不鲜艳到黑的更黑、白的更白，梁骏在一块芯片的方寸之间，开启新“视”界的精彩。

作为杭州国芯科技股份有限公司（以下简称“国芯”）首席技术专家，梁骏专注集成电路二十年，主持高清卫星数字电视芯片设计，在关键领域、“卡脖子”的地方攻坚克难，参与研发出国内第一颗卫星数字电视接收机芯片、第一颗有线数字电视接收机芯片，也见证了机顶盒从标清到高清的跨越。

早在十几年前，梁骏在研究生毕业后选择留在“国芯”工作，打动他的原因有两个：一个是“国芯”这个名字，另外一个是在国外芯片遥遥领先的境遇下，他隐隐觉得，总有一天，中国人肯定需要有自己的“中国芯”。

于方寸之间立志探索

2001 年，有着浙江大学学科背景的杭州国芯科技股份有限公司成立。当时正在读大四的梁骏进入“国芯”实习，并在我国集成电路设计知名专家张明教授的引导下，开始学习芯片设计。

在那个同龄人对科技前沿相对懵懂的年代，梁骏却展现出极大的好奇心。

梁骏所就读的台州中学开设了计算机课。课上，有位学过编程的班长，一开机就熟门熟路在字符界面下用VB编程语言打出一连串特别酷炫的数学函数的图像，深得梁骏崇拜。也是从那个时候起，他对计算机产生了浓厚的兴趣，那种0和1组成的美妙世界，深深地吸引着他。

高考填志愿时，梁骏毫不犹豫，所有专业都填了和计算机相关的专业。1997年，梁骏顺利考入浙江大学信息与电子工程学系学习。

大学期间需要电脑，但是当时电脑太贵买不起。梁骏寝室8位同学一起凑钱，以“股份制”的方式买了一台组装电脑。每人可以用多久呢？就按出钱多少来分配，每周梁骏可以使用一天。他也是在这种较为简单的条件下，继续自己对科技世界的探索。

从大四到研究生，梁骏在“国芯”实验室实习期间参与了不少项目。有时候，生产倒逼研发时间，作为一名年轻的共产党员，梁骏总是迎难而上。

在梁骏看来，芯片的神奇之处在于，指甲盖大小就包含了几千万甚至几亿个晶体管，工艺越先进，数量就越多，如果达到22纳米工艺，就相当于在头发丝的横截面上，画出1000多个同心圆。芯片设计的难点也在于此，几亿条电路集成在方寸之间。

在“国芯”，梁骏从芯片验证部经理、质量管理部经理、版图设计部经理到现在出任公司的首席技术专家、国芯实验室主任，见证并参与了“国芯”的整个发展历程。

他回忆，早期民族芯片产业刚刚起步，国外技术封锁，国内资料奇缺，即便是入门的粗浅问题，想找人请教交流都很难。

最早，梁骏研究的是芯片设计中的一个细分领域，叫可测试性设计。“打个比方，装修一套房子，水电都在墙体里做好了，但如果没有‘可测试性设计’，水电出现问题，只能重新把整个墙体敲开。有了‘可测试性设计’，你就能直接定位问题出在哪里。”

当时实验室做了一颗电视机视频处理芯片，试用时，发现屏幕成像时有漏洞，但工程师找不到具体位置。梁骏花了近两个月，做了一套可测试性设计，成功把这个漏洞找到了。

后来，梁骏又参与芯片验证，就是在芯片设计完成后，验证设计的功能是否正确。如何提高验证的覆盖率和效率是国际上研究的热点，通过与国际领先的EDA（电子设计自动化）厂商合作，从无到有创建了一支十多人组成的芯片验证团队，为提升芯片的研发质量提供了有力保证。

为国立"芯"发光发热

2003 年,"国芯"成立了党支部,当时员工 25 人,党员 11 人,预备党员 1 人。2010 年 11 月 8 日,经杭州高新区(滨江)党委批准,"国芯"党支部正式改建为党委,梁骏出任党委副书记。

他时刻关心怎么让队伍成长起来。以梁骏为代表的共产党员,在生产过程中发挥重要作用,让"国芯"这家企业,有着强烈的使命感。

公司新开辟的人工智能产品线,一下子找不到合适的人选去做,梁骏就带着新手上,和他们一起看论文、做算法、研究新技术,去找到一条适合自己的路。

奋斗和奉献仿佛早已融入血脉里。梁骏出生于台州临海的一个普通军人家庭。父亲是空军,而母亲则是一名乡村数学教师,他们都是共产党员。父亲在东北执勤,而母亲在工作地点的各村小之间变动。

"在那个激情和理想的年代,讲究的是奋斗和奉献。"而共产党员的家庭,则塑造了梁骏的性格,"像蜡烛为人照明那样,有一分热,发一分光"。

梁骏总说:"国芯在 2001 年本着为国立'芯'的使命感成立于西湖边。没有经验,只有一批刚出学校校门的学生兵,我也是其中之一。大家以'使命在我'的精神完成了国家电视传输标准的研发,然后在机顶盒这一关系老百姓精神生活的产业深耕。"

他自认为,"国芯"的年轻人不故步自封,钻研行业知识,打破部门墙,一个个努力成为团队标兵。

梁骏回忆,"国芯"在创业初期做的是标清数字电视芯片。当高清电视开始进入家庭时,高清电视芯片还被国外芯片厂商垄断,"青年员工和我一起做仿真,攻克高清芯片设计的难题,打破了垄断"。

2017 年,"国芯"凭借在机顶盒上的音视频技术积累进入人工智能领域。新加入"国芯"的青年员工们夜以继日地看论文、写代码、做仿真,只用了一年时间就推出了国内首颗物联网 AI 芯片。

掌握关键自立自强

发展至今,"国芯"已独立掌握从 0.13 微米到 22 纳米各类先进工艺芯片的设计能力,芯片的设计规模超过上亿个晶体管,每年开发多款芯片,覆盖各类先进数字电视传输与解码标准,在芯片的面积成本和速度性能等各项指标上都颇有竞争力。

2015年，面向“村村通”和“户户通”工程，梁骏主持设计了高清高集成卫星数字电视芯片，以完全自主知识产权，实现了芯片技术的“自主、安全、可控”，更凭实力迅速在全球卫星接收机市场上占据第一。

2018年，响应国家推广电子雷管的号召，梁骏带领团队白天下矿山、钻隧道，向一线炮工老大哥请教爆破知识，晚上在实验室模拟场景、优化方案，设计出具有自主知识产权的高精度电子雷管芯片，该产品大大提高了爆破作业的安全性和可控性。

在2020年春节期间，梁骏带领团队克服疫情、隔离等困难，紧急研发适用于电梯的智能语音识别控制算法。

由于语音控制可以减少接触传染疫情的风险，将“国芯”的语音识别芯片与电梯控制相结合，形成一套语音控制的梯控系统就可以减少接触，遏制病毒传播。

突击队员在家里办公，通过远程登录服务器进行算法开发。缺少相关的语料，同事们通过微信录制电梯控制语料。从2月6日开始开发语音呼梯器，用了40天，经过116万次连续交互测试与各种形式测试，团队将产品顺利投入市场，免费捐赠给武汉第六人民医院、武汉第八人民医院、武汉儿童医院等多家医疗机构。

二十年来，梁骏心无旁骛、潜心研发，累计获得发明专利12项，实用新型专利6项，集成电路布图设计专有权17项，软件著作权1项，多次荣获浙江省科技进步奖，被评为“杭州工匠”、省市劳动模范，荣获2021年度“全国五一劳动奖章”，并作为获奖代表在人民大会堂发言。

梁骏表示，立足新发展阶段，贯彻新发展理念，融入新发展格局，通过自力更生、创新驱动有力推进高质量发展，为做强民族芯片、发展中国半导体事业贡献自己的全部力量。

（资料来源：中国青年网，2021-12-13）

劳动就是劳动教育的最佳方式

北京联合大学　王玮

教育与一定时期的社会发展、社会思潮是密切相关的。近年来，社会上出现的重智轻劳、不劳而获、好逸恶劳等不良风气，对青少年产生了消极负面影响，导致一些学生劳动观念淡化、劳动习惯弱化、劳动能力退化，加强劳动教育，成为落实立德树人根本任务亟待补齐的短板。

加强劳动教育是教育本质的回归

劳动是人类生存的基本方式，更是人类创造物质财富和精神财富的基本途径。

马克思认为，“生产劳动和教育的早期结合是改造现代社会的最强有力的手段之一”。在教育和培养人的全面发展上，马克思、恩格斯在《共产党宣言》中强调：“对一切儿童实行公共的和免费的教育，把教育同物质生产劳动结合起来。”毛泽东关于教育与社会实践相结合的“教劳结合”思想，是我国长期坚持的教育方针。

党的十八大以来，习近平总书记关于劳动、劳动者、劳动教育的一系列重要讲话，既是对马克思主义劳动观和“教劳结合”思想的时代阐释与最新发展，也是全党全国各族人民在新时代开展劳动教育的行动指南和根本遵循。中共中央、国务院近期发布了《关于全面加强新时代大中小学劳动教育的意见》(以下简称《意见》)，要求落实德智体美劳“五育并举”，这是对教育的重新认识和对教育本质的回归。新文化运动时期，在“劳工神圣”文化大潮中，蔡元培首倡德智体美劳五育并举，但这一方针在民国时期并未得到实施。1957 年 2 月，毛泽东在《关于正确处理人民内部矛盾的问题》中提出：“我们的教育方针，应该使受教育者在德育、智育、体育几方面都得到发展，成为有社会主义觉悟的有文化的劳动者。”新时代劳动教育的目标不再停留于过去简单的“劳技”层面，而是重在“劳动观”的教育。正如《意见》强调，通过劳动教育，学生能够理解和形成马克思主义劳动观，树立劳动最光荣、劳动最崇高、劳动最伟大、劳动最美丽的观念；体认劳动不分贵贱，热爱劳动，尊重普通劳动者，培养勤俭、奋斗、创新、奉献的劳动精神；体会劳动创造美好生活，重视新知识、新技术、新工艺、新方法的应用，创造性地解决实际问题，使学生具备满足生存发展需要的基本劳动能力，形成良好劳动习惯；增强诚实劳动意识，发扬艰苦奋斗作风，懂得空谈误国、实干兴邦的深刻道理。劳动回归教育，重在引导学生和全社会摒弃不珍惜劳动成果、不想劳动、不会劳动、不劳而获的思想。

对劳动科学分类，提升育人实效

劳动教育是一种富有趣味性、创造性和实践性的实践活动，它教会人们通过劳动来创造幸福的生活，通过智慧来创造美好的明天。对劳动和劳动教育进行科学分类，不仅有助于提升对劳动本质的科学认识，更有助于劳动教育切实回归到教育的科学轨道上。依据马克思主义劳动观，《意见》将劳动分为生产劳动和非生产劳动，相应地，劳动教育也分为生产劳动教育和非生产劳动教育。考虑到劳动教育内容的针对性和可行性，《意见》又将非生产劳动教育分为日常生活劳动教育和服务性劳动教育。这种对劳动和劳动教育的科学认识与把握，为新时代发挥家庭劳动教育的基础作用、学校劳动教育的主导作用和社会劳动教育的支持作用提供了科学指引。

在系统的文化知识学习之外，有目的、有计划地组织学生参加日常生活劳动、生产劳动和服务性劳动、创造性劳动，让学生动手实践、出力流汗，接受锻炼、磨炼意志，培养学生正确的劳动价值观和良好的劳动品质，既是实施劳动教育的重点，也点明了劳动教育的基本内涵。劳动形式不分高低优劣，应因势利导，引导学生开展自我服务劳动、家务劳动、班务劳动、校务劳动、公益服务劳动以及简单生产劳动、技术发明创造劳动和工艺设计劳动等形式多样的劳动。不管学生从事什么类型的劳动，都应该符合学生年龄特点，以体力劳动为主，注意手脑并用、安全适度，强化实践体验，让学生真正"劳动"起来，亲历劳动过程，遵循教育规律，这样才能提升劳动育人的实际效果。

科学的劳动教育本质在于创新创造，实现人的创造性与现实性的和谐统一，真正实现以劳树德、以劳增智、以劳强体、以劳育美、"以劳教劳"的综合育人价值。科学的劳动教育，应建立全面实施劳动教育的长效机制，为社会主义现代化强国目标奠定坚实的基础。

劳动教育纳入日常教育教学体系

"民生在勤，勤则不匮。"劳动是财富的源泉，也是幸福的源泉。劳动教育要落地，就要把劳动教育纳入平时的教育教学，将劳动素养纳入学生综合素质评价体系，依托学校课程建设，制定评价标准，建立激励机制，组织开展劳动技能和劳动成果展示、劳动竞赛等活动，全面客观记录课内外劳动过程和结果。苏霍姆林斯基认为："劳动素养包括劳动创造活动的智力充实性和完满性、道德丰富性和公民目的性。"通过劳动，学生首先做好一名劳动者，成为自食其力的劳动者，成为有劳动素养的公民。

要鼓励学生多参加劳动，依据《意见》规定的劳动教育基本内容和科学分类，让劳动真正成为劳动教育的最佳方式。

策励学生参加生活性劳动。生活劳动是一项基本技能。"夙兴夜寐，洒扫庭内"，热爱劳动特别是生活性劳动、家务劳动，是中华民族的优秀传统。洗衣做饭是劳动，打扫卫生是劳动，修理桌椅也是劳动，而且这些维持我们日常生活正常运转的"刚需劳动"技能，理应被每一个人所掌握。学生应在个人生活自理中强化劳动自立意识，体验持家之道，这是学生健康发展、适应社会生活的重要基础。

鞭励学生参加生产性劳动。生产劳动是指直接创造物质财富的劳动，如农业、工业、交通运输业、建筑业等行业中的劳动。如在农村地区，可把"农耕教育进校园"作为开展中小学、幼儿园劳动教育的特色举措，利用校园内的空闲地块开辟劳动实践基地，推出以学习农业生产知识为内容的“劳动课堂”，让孩子们在亲近自然、体验农耕中增长知识，养成热爱劳动的习惯。在城镇，可借助工商企业力量，适时举办“工业产品展示进校园”“建筑沙盘展示”等活动，激发学生对工业生产、建筑生产的兴趣，体会工人劳动的艰辛。

鼓励学生参加服务性劳动。服务劳动包括志愿服务、社区服务、敬老服务等义务性、公益性劳动形式。如高校要“注重培育公共服务意识，使学生具有面对重大疫情、灾害等危机时主动作为的奉献精神”。这种劳动可以强化学生的社会责任感，培养良好的社会公德。把劳动评价结果作为衡量学生全面发展的重要内容，作为评优评先的重要参考和毕业依据，将服务性劳动也融入学生日常学习和生活。

笃励学生参加创意性劳动。创意性劳动，更多地体现为将体力劳动、重复性劳动转化成脑力劳动和创造性劳动。如学会中国剪纸、编织中国结、绘画脸谱等，让学生通过剪、编、绘等动手操作来锻炼其手工工艺、技艺或设计等思维，并学会克服困难，领略创新的美好，既能达到劳动的目的，也能在一定程度上传承和弘扬非物质文化遗产。创意性劳动能使学生身心愉悦并获得成就感，陶冶情操，在劳动中获得启发，学会创新，学会专注，因而更值得提倡。

让劳动成为劳动教育的最佳方式，还要防止劳动教育中的娱乐化、形式化、惩戒化等问题。要通过劳动培养学生的生活自理能力，着力提升学生综合素质，把好劳动教育价值取向，促进学生全面发展、健康成长；通过劳动培养学生正确的世界观、人生观和价值观，弘扬劳动精神，养成热爱劳动的习惯，从而在劳动中发现生活的美；通过劳动培养学生正确的劳动观，形成对劳动的正确态度和看法，崇尚劳动、尊重劳动，增强对劳动人民的感情，报效国家，奉献社会，培养担当民族复兴大任的时代新人。

（资料来源：《中国教育报》，2020-05-21）

思考与讨论

1. 马克思主义劳动观的主要内涵是什么？
2. 如何理解黄炎培“手脑并用、做学合一”的思想？
3. 当代大学生如何践行中国特色社会主义劳动观？
4. 如何理解新时代加强劳动教育的意义？

主题实践活动

1. 主题实践活动 1(表 1-1)

表 1-1 主题实践活动 1

劳动故事	
故事内容	
故事来源	
故事中的劳动品质	
故事启示	

2. 主题实践活动 2(表 1-2)

表 1-2　　主题实践活动 2

劳动技能盘点	
我的劳动技能	1. 2. 3. 4. 5.
父母的劳动技能	1. 2. 3. 4. 5.
朋友的劳动技能	1. 2. 3. 4. 5.
榜样的劳动技能	1. 2. 3. 4. 5.

参考文献

[1]马克思恩格斯选集(第1卷)[M].北京:人民出版社,1995.

[2]黄炎培.黄炎培教育文选[M].上海:上海教育出版社,1985.

[3]中华职业教育社.黄炎培教育文集:第3卷[M].北京:中国文史出版社,1994.

[4]田正平,李笑贤.黄炎培教育论著选[M].北京:人民教育出版社,2018.

[5]《新时代大学生劳动教育教程》编写组.新时代大学生劳动教育教程[M].广州:华南理工大学出版社,2020.

[6]郑银凤."90后"大学生劳动观教育研究[D].西南交通大学,2016.

[7]李文俊.新时代大学生劳动观培养研究[D].辽宁大学,2021.

[8]程德慧.黄炎培劳动教育思想的生成逻辑、科学内涵及当代价值[J].教育与职业,2021(14).

[9]王晴.黄炎培劳动教育思想的新时代应用[J].职业教育研究,2019(12).

[10]张淼.习近平劳动观的生成逻辑、理论内涵及当代价值[J].黄河科技学院学报,2021(04).

[11]孙广杰.新时代背景下实施劳动教育的意义、现状及思考[J].河南教育(基教版),2021(06).

模块二

崇尚劳动

习近平总书记在多个场合、多次讲话中提到精神价值对广大劳动人民的巨大引领作用，号召全社会弘扬劳模精神、劳动精神、工匠精神，指出“劳模精神、劳动精神、工匠精神是以爱国主义为核心的民族精神和以改革创新为核心的时代精神的生动体现，是鼓舞全党全国各族人民风雨无阻、勇敢前进的强大精神动力”。

本模块从弘扬伟大的劳动精神、掌握必要的劳动技能、养成良好的劳动习惯三个方面来阐述如何在大学校园中开展劳动教育。通过学习劳动精神、工匠精神、劳模精神的本质及三者的内在联系，引领大学生从理论认知、思想观念、行为实践等维度来体认和践行劳动精神、培养工匠精神和传承劳模精神；同时梳理了生活技能评价基本要素的具体指标，从自我管理和人际交往两个维度详细展开；并指导大学生从课堂学习、校园生活、实习实训中落实践行劳动精神、掌握劳动技能。

学习目标

1. 了解劳动精神、工匠精神、劳模精神的本质及三者的内在联系，感悟崇尚劳动的核心价值。

2. 熟知生活、职业、社会三类基本技能要素，进而掌握劳动技能并应用于实际情境中。

3. 借助校园锻炼、社会实践等多元方式养成良好的劳动习惯，提升自身劳动素养。

导入案例

全国劳动模范刘飞香：匠心铸重器　创新写传奇

不迷信国际权威，打碎技术枷锁，坚持自主创新，打造国之重器，带领团队实现中国掘进机从跟跑、并跑到领跑的大逆转，这便是全国劳动模范——铁建重工党委书记、董事长刘飞香在10余年创新创业征途中书写的傲人答卷。

刘飞香依托国家战略科研课题及重点隧道工程大力攻关，主持研发全球首台斜井双模式TBM、全球首台永磁同步驱动盾构机、全球首台超大直径竖井TBM等50余项国内和全球首台(套)产品，牵头自主研制的隧道掘进机系列装备达到世界一流水平，率先突破掘进机高效破岩、连续掘进、电液同步驱动、常压换刀等100余项核心技术，其中多项关键技术填补了世界空白，把"卡脖子"关键技术逐渐掌握在自己手中。

当前，超级工程越来越多，挑战越来越大，只有研发超级地下工程装备才能满足超级工程的要求。刘飞香再次带领团队全力攻关超级地下工程装备，研制千米级水平超前的地质探测设备、高原高寒铁路超级TBM、钻爆法超级智能装备。与常规产品相比，超级地下工程装备最大的特征是智能化，并且兼具定制化、绿色化、国产化特征，具备攻克高难精尖超级地下工程的能力，能够适应极恶劣的自然环境，应对高风险的地质条件，采用超常规的设计施工方法，满足超大超长超深地下空间结构施工要求，有力助推我国超级地下工程实现智能化建造。

刘飞香带头研发的铁建重工超级地下工程装备已经成为继超级杂交水稻、超级计算机、超高速轨道交通后，湖南"超级家族"的又一新成员和新名片。

而10多年前，隧道工程装备的核心技术一直被国外垄断，是中国的卡脖之痛。在刘飞香的推动和引领下，铁建重工坚持用颠覆式创新理念和方式，攻克了一个又一个难关，不仅使铁建重工获得快速发展，打造了轨道系统、掘进机、钻爆法隧道装备、矿山装备、绿色建材装备、高端农机等产业板块，还有力推动了行业快速发展。以铁建重工为代表的中国地下工程装备行业，不仅实现了技术上从跟跑到全球领跑的大逆转，还占领了中国95%以上、全球三分之二以上的市场。

如今，在地下工程装备领域，"世界装备装备中国"的时代一去不复返，"中国装备装备中国"的目标已经实现，正前行在"中国装备装备世界"的征途上。

面向世界科技前沿，坚持自主创新；面向经济主战场，发展产品产业；面向国家重大需求，研发超级装备……13年砥砺，奋斗不止，刘飞香用自主创新书写了一个又一个业界传奇。

以劳模的卓越贡献引领全社会，以劳模的高尚情操带动全社会。中国特色社会主义进入新时代，新时代是需要劳动模范并且能够产生劳动模范的时代，是呼唤劳模精神并大力弘扬劳模精神的时代。奋斗新时代、奋进新征程，必须崇敬劳动模范，弘扬劳模精神，积极培养和树立劳动最光荣、劳动最崇高、劳动最伟大、劳动最美丽的社会风尚，激励广大劳动群众以实干笃定前行、以平凡写就伟大、以奋斗开创未来，在全面建设社会主义现代化国家的伟大征程中展示新的拼搏姿态、创造新的发展奇迹、谱写新的奋斗史诗。

（资料来源：国务院国有资产监督管理委员会网站，2021-12-23）

一、弘扬伟大的劳动精神

劳模精神、劳动精神、工匠精神一直以来受到社会各界的广泛关注。在长期实践中，我们培育形成了爱岗敬业、争创一流、艰苦奋斗、勇于创新、淡泊名利、甘于奉献的劳模精神，崇尚劳动、热爱劳动、辛勤劳动、诚实劳动的劳动精神，执着专注、精益求精、一丝不苟、追求卓越的工匠精神。劳模精神、劳动精神、工匠精神是以爱国主义为核心的民族精神和以改革创新为核心的时代精神的生动体现，是鼓舞全党全国各族人民风雨无阻、勇敢前进的强大精神动力。新时代大学生应以习近平总书记关于劳模精神、劳动精神、工匠精神的系列重要讲话作为重要遵循，以党和国家的重要政策文件精神为指导，深刻领会科学内涵及其相互关系，大力弘扬劳模精神、劳动精神、工匠精神，建设知识型、技能型、创新型劳动者大军，从而推动实现中华民族伟大复兴的中国梦和建设社会主义现代化强国的新时代目标。

那么，劳模精神、劳动精神、工匠精神这三者之间是什么关系呢？

劳模精神和劳动精神的关系是部分和整体的关系。从主体上看，劳模精神的主体是劳模群体，劳动精神的主体是所有劳动者，而劳模群体是广大劳动者群体中的佼佼者和杰出代表，也是广大劳动者学习的榜样和楷模。劳模的本意就是劳动者的模范，劳模群体是劳动者群体中的一部分。从这个意义上讲，劳模精神也是劳动精神的一部分。劳动精神是做一名合格的劳动者应该有的精神，劳模精神则是成为劳模必须有的精神。做劳动者不合格，做劳模更不可能。没有劳动精神，也很难有劳模精神。所以，劳动精神应该成为所有劳动者都必须拥有的精神。劳模精神也是所有劳动者都应该学习的精神。二者也是方向和基础的关系，劳模精神是方向，劳动精神是基础。

劳模精神和工匠精神的关系是外力和内力的关系。劳模精神是所有劳动者都应该学习的精神，是影响和引领每一位劳动者从平凡走向不平凡的外力。劳模精神从外部影响每一位劳动者学先进、做先进。工匠精神则是每一位劳动者都应该具有的精神，是激发和激励每一位劳动者不断自我挑战和自我超越的内力。工匠精神从内部唤醒每一位劳动者不断成为最好的自觉。劳模精神是超越别人的精神，因为他们就是因为超越了很多劳动者脱颖而出。工匠精神是超越自己的精神，世上最大的对手不是别人，而是自己。工匠精神是让劳动者成为自己的“劳模”，劳模精神是让劳动者成为别人的“模范”。工匠精神点亮了自己的生命，劳模精神则照亮了别人的生命。

劳动精神和工匠精神是共性和个性的关系。劳动精神是所有劳动者的共性，每一位劳动者都应该有劳动精神。工匠精神则揭示了不甘于平庸的劳动者的个性，是成就优秀劳动者的必要条件。个性不仅是产品和企业的核心竞争力，也是劳动者的核心竞争力。这里所说的劳动者的个性主要是指劳动者在自我超越过程中彰显出的个人优势及其精神状态，也就是工匠精神。换句话讲，没有工匠精神的劳动者很难有出色的成就和骄人的业绩。精益求精、追求极致是践行工匠精神的核心，也是成就杰出劳动者的根源。当然，如果工匠精神成就的劳动者不仅大大超越了过去的自己，也大大超越了别人，在企业、行业、全国乃至全世界都成为最优秀的劳动者。那么，他就会成为别人学习的榜样和楷模，最终就会成为劳模，劳模精神也随之产生。

（一）劳动精神

1. 中国传统文化与劳动精神

劳动精神是中华民族优秀传统文化的赓续传承，劳动精神自古以来就流淌在中华民族血脉之中。盘古开天成就天地方圆，大禹治水开启华夏文明；一部《诗经》礼赞劳动人民，“四大发明”凝聚劳动者的智慧。博大精深、辉煌灿烂的中华文明是生生不息的中华民族以辛勤劳动创造的。无论是回望历史，还是展望未来，劳动精神始终是中华民族自强不息、顽强奋进的强大精神动力。

墨子是中国劳动教育史上提出“知识和生产实践相结合”的第一人，他的劳动观中所体现的积极因素值得我们学习。他提出：“士虽有学，而行为本焉。”强调人不能光有学问，更重要的是将学问落实到实践中。墨子从人的社会属性出发，高度肯定劳动对于人们生存发展的基础作用。他认为社会上的人，无论男女，都应该投入到劳动实践中。同时，墨子十分同情处在社会最底层的广大劳动人民，他关注到了社会上存在的“劳者不得息”等现实问题，抨击君主为了享乐而极尽压榨劳动人民的现象，提倡要保护劳动人民的人权。墨子鼓励人们自食其力，积极地参与劳动、热爱劳动，反对不劳而获的思想。他认为:“赖其力者生,不赖其力者不生。”只有靠自己的勤劳努力,才能很好地生存下去,否则便不能。面对当时王权贵族们极尽奢侈的生活,墨子站在国家和人民发展的长远视角上提出要倡导节俭、反对浪费的观点,他指出“俭节则昌,淫佚则亡”,这些都体现了墨子积极的劳动观思想。他将劳动人民反对剥削的呼声反映到自己的主张观点中,为君主治国理政提供了一套可行的宝典,也为我们现在的劳动教育提供了可贵的理论借鉴。

古人重视劳动,推崇勤奋劳动,反对不劳而获。古代中国是非常典型的农业文明社会,儒家认识到了农业生产对于国家发展的重要性,所以早早地明确了辛勤劳动的地位。孔子直接指出了辛勤劳动的重要性,提出了“先之劳之”的思想,子路询问自己的老师孔子该怎样管理政事？孔子说:“先之,劳之。”意思是统治者要辛勤劳动,做在老百姓之前,使老百姓勤劳。《孟子·滕文公下》中说:“士无事而食,不可也。”意思是人不能不劳而食。这表明孟子觉得不劳动不得食,反对不劳而获的思想。农民出身的墨子更是直接指出了不劳而获是一种不道德的行为,应该受到强烈的谴责。《墨子·非乐(上)》中亦有“今人与此异者也,赖其力者生,不赖其力者不生”。孔子、孟子、墨子从不同的角度揭示了辛勤劳动对于国家以及劳动人民自己的重要性。正是因为辛勤劳动,铸就了中国千年的辉煌历史。所以,不管是过去还是现在,辛勤劳动一直都是中国劳动人民的本色。

对人类社会劳动的认知和热爱,在中国古代经典著作中多有论及。《大戴礼记·武王践祚》中写道:“慎之劳,劳则富。”强调的是财富和劳动的关系。自古以来,对劳动的肯定和赞美都是中国传统文化的重要内容。《尚书·周官》中写道:“功崇惟志,业广惟勤。”《左传·宣公十二年》中写道:“民生在勤,勤则不匮。”意思是人们的生计在于勤劳,勤劳就不会缺乏衣服与食物。先秦儒家关注的是一种“礼制”,而不是使用价值层面的劳动致富,也不是精神价值层面的劳动快乐,是一种自然分工的“伦理化”,为中国古人构建了一种脱离田间生产的劳动价值理论;后世儒家分离了“劳”和“思”两个概念。正如孟子所言:“劳心者治人,劳力者治于人。”《荀子·天论》中说:“强本而节用,则天不能贫。”表达了对勤劳耕作和勤俭节约的认同。墨家是劳动者的学派,主张“兼爱、非攻、尚贤”,它是以劳动为本位的积极性劳动伦理的范式,是劳动和知识的有机结合。

古代劳动人民的辛勤劳动创造了生活本身和精神意境。魏晋诗人陶渊明所作《归园田居·其三》中写道:“种豆南山下,草盛豆苗稀。……衣沾不足惜,但使愿无违。”这首诗展现出我国古代人民早起劳作,傍晚收工,期待有好收成的场景,展现出劳动人民辛勤劳动的形象。唐代诗人李绅写道:“锄禾日当午,汗滴禾下土。谁知盘中餐,粒粒皆辛苦?”《悯农》融洽地将珍惜食物与辛勤劳动结合起来,一直影响塑造着中国人勤俭节约的美德。唐代诗人王维写道:“屋上春鸠鸣,村边杏花白。持斧伐远扬,荷锄觇泉脉。……”这首《春中田园作》的前四句展现出了古代人们愉快劳动的情境和勇于探索的精神。可见,劳动不仅可以磨炼人的意志,劳动的协作性还可以培养人的互助和团结精神。

劳动精神根植于中华优秀传统文化中,是每一个中华儿女宝贵的精神财富,其丰富的精神内涵早已流淌在炎黄子孙的血脉之中,中华民族自古以来就是具有劳动精神面貌的民族。学习借鉴传统劳动观中所蕴含的思想精华,对于新时代大学生劳动精神的培育以及劳动教育的发展有着积极的促进作用。

2. 新时代劳动精神的内涵

作为劳动的派生词,劳动精神同样有着丰富的内涵。有的学者这样解释:“我们可以从劳动以及劳动者这两个角度来阐释劳动精神的内涵。从劳动这一方面来说,劳动精神由源头精神、诚实精神、创造精神、勤快精神和崇高精神构成;从劳动者这一角度来说,劳动精神是劳动者在劳动过程中所展现的热爱劳动、积极劳动的精神面貌与精神状态。”习近平总书记表示:“在长期实践中,我们培育形成了崇尚劳动、热爱劳动、辛勤劳动、诚实劳动的劳动精神,劳动精神是以爱国主义为核心的民族精神和以改革创新为核心的时代精神的生动体现,是鼓舞全党全国各族人民风雨无阻、勇敢前进的强大精神动力。”

劳动精神究其根本,是一种精神,是人们在创造美好生活的过程中所表现出来的渴望通过劳动获得物质满足和精神满足的自食其力的劳动态度,以及已经形成的诚实守信的劳动品质和尊重劳动、崇尚劳动的劳动情感的总和。劳动精神使人们勇于面对劳动过程中的苦累和各种困难,并坚信只有劳动才是解决这些困难的正确途径,具体表现为一种对劳动坚定不移的、忠诚的热爱。劳动精神的产生离不开劳动和劳动者,需要通过劳动者来生动地诠释。劳动精神是一种崇高的精神,体现了人性的灿烂和潜能。劳动精神中的坚韧进取精神和自我完善的崇高意志是做好一切工作和实现自身价值的基础。伟大的事业需要伟大的人民去建设,伟大的人民需要伟大的精神去激励,伟大的精神需要伟大的人民去培育,三者环环相扣,缺一不可。劳动精神的实质就是要通过辛勤劳动、诚实劳动、创造性劳动为人民创造美好的生活,为国家开创崭新的局面,这是中华民族几千年发展历程中最伟大的总结。

习近平总书记 2020 年 11 月 24 日在全国劳动模范和先进工作者表彰大会上,将“劳动精神”进一步凝练和升华为 16 个字:崇尚劳动、热爱劳动、辛勤劳动、诚实劳动。劳动精神体现了社会主义核心价值观,展现了一个民族在这个时代的精神面貌。

党的二十大报告指出:“在全社会弘扬劳动精神、奋斗精神、奉献精神、创造精神、勤俭节约精神，培育时代新风新貌。”长期以来，在党的领导下，全社会奏响“光荣属于劳动者，幸福属于劳动者”的强音，培育形成崇尚劳动、热爱劳动、辛勤劳动、诚实劳动的劳动精神。这是我们的国家、我们的民族风雨无阻、勇敢前进的强大精神动力。希望同学们大力弘扬劳模精神、劳动精神、工匠精神，诚实劳动、勤勉工作，锐意创新、敢为人先，依靠劳动创造扎实推进中国式现代化，在强国建设、民族复兴的新征程上充分发挥主力军作用。

新时代劳动精神的科学内涵在内容上继承了马克思主义劳动价值观以及中华民族传统劳动观念，还蕴含着“辛勤劳动、诚实劳动、创造性劳动”的理念，倡导“劳动最光荣、劳动最崇高、劳动最伟大、劳动最美丽”的劳动观念，同时提倡尊重劳动、尊重劳动者。

新时代劳动精神秉持辛勤劳动、诚实劳动的理念。辛勤劳动、诚实劳动代表着实干精神、苦干精神，这是中华民族大业发展、梦想成就的基石。中华人民共和国成立至今70余年，社会主义事业的建设离不开劳动者的辛勤劳动，我们在新时代所享受到的美好幸福生活是靠人民的辛勤劳动拼搏而来的。诚实劳动不仅是构建和谐社会的关键，更关系着实现科技强国的伟大梦想。在经济快速发展的新时代，催生了急功近利之风、好逸恶劳之风，安逸享乐、坑蒙拐骗、投机取巧等行为正侵蚀着良好的社会风气，影响着人们对劳动的认知，在这样的大环境下更要强调勤恳劳动、脚踏实地，走好民族复兴之路。

新时代劳动精神在实践上追求创造性劳动。创新创造能力是一个国家核心竞争力的关键因素，是社会持续发展的永恒动力。纵观历史发展，我们国家今天所拥有的一系列成就离不开劳动创造，在勤劳苦干的基础上更要敢于开拓创新，善于实践创造，才能冲破思维的束缚创造更多的价值，将创新用于服务经济、社会等更多领域，为实现美好生活寻求动力，在全社会弘扬追求卓越的创造精神。

新时代劳动精神肯定劳动光荣、劳动者伟大。首先，劳动创造了人，人们所需要的一切生产资料和生活资料也是通过劳动获得的，劳动使人类的生产生活得以延续。因此无论何时都必须肯定劳动的价值，秉持对劳动崇尚、尊重的态度，将劳动光荣的思想根植于内心。对劳动的尊重是不分形式的，体力劳动和脑力劳动都是有益于人类社会发展的，都是社会进步不可或缺的。其次，尊重劳动者就是对人民群众主体地位的肯定，劳动者也不应区分行业，无论从事何种劳动，都是用自己的实际行动在奋斗，劳动成果应人人共享，人民幸福、社会进步、民族复兴都离不开每位劳动者所做的努力，广大人民群众都有权利享有从劳动中获得的成就感、幸福感。

3. 新时代大学生劳动精神的三个基本维度

劳动精神厚植于中华民族优秀的传统劳动思想和马克思主义劳动观，发展于广大劳动者的伟大实践，是对一线广大劳动者劳动经验、智慧的高度凝练和准确概括，是广大劳动者为追求美好生活在劳动过程中所秉持的劳动态度、理念以及所体现的精神品质。在中国特色社会主义进入新时代的特定背景下，我们对大学生劳动精神的认识也要紧跟新时代，从“新时代”的视角进行解读。新时代赋予大学生劳动精神全新的内涵，其内涵极其丰富，是理念认知和行为实践的辩证统一。主要包括以下三个方面：

(1)在理念认知上，尊重劳动、热爱劳动、崇尚劳动

①尊重劳动。尊重劳动是对公民最基本的要求，每一个人对劳动应该保持积极的态度。尊重劳动即在尊重劳动者的基础上，尊重劳动者创造的成果以及劳动者的劳动行为。简而言之，就是对劳动本身的尊重、对劳动者的尊重、对劳动成果的爱惜。每个劳动者所从事的劳动没有高低贵贱之分，我们应该明白各种劳动形式是互相联系、互相补充的，都是推动人类社会发展的决定力量。只有农民工的劳动、艺术家的劳动和科学家的劳动被同样尊重，才能各尽其责、各显其能，促进社会良性协调发展。大学生唯有尊重劳动，通过劳动实践产生热爱劳动的情感，保持劳动的积极性，才能为今后实现体面劳动、自由劳动甚至是劳动幸福奠定基础。

②热爱劳动。劳动创造了历史，成就了现在，也会继续书写着未来。热爱劳动不仅是对劳动本身的热爱，更是体现在劳动过程中即使意识到劳动的艰辛还能继续保持对劳动的热忱进而更加珍惜来之不易的劳动成果。热爱劳动的精神，是指在劳动中保持积极态度和足够的热情投入劳动，劳动者不仅能体会到劳动成果的珍贵，更能体会到劳动后的身心愉悦和满足。

③崇尚劳动。崇尚劳动是对劳动和劳动者地位的认可和推崇。换言之，崇尚劳动是对劳动者社会地位的伦理表达，也是对劳动独特价值的权威认定。劳动是通往事业成功的必经之路，不管是处于哪个时代、哪种历史方位，崇尚劳动应是人类发展永恒的主题。只有现实生活中的每个人都崇尚劳动，才能释放劳动的独特魅力，进而提升对劳动者的认同，从而为奋进时代新征程汇聚磅礴力量。崇尚劳动是价值观念和价值行为的统一体。要培养大学生崇尚劳动的意识，形成崇尚劳动的理念认知，唯有如此，才能让崇尚劳动成为社会共识，才能让作为新时代劳动者预备军的大学生群体奋发图强书写好以后的劳动考卷。

(2)在思想观念上，劳动最光荣、劳动最崇高、劳动最伟大、劳动最美丽

①劳动最光荣。光荣一词，在汉代政论性散文集《盐铁论》一书中就有“显名立于世，光荣着于俗”的提法。劳动最光荣的口号，一路伴随着共和国共同成长，“劳动最

光荣”的观念最早流行于革命战争年代的工农政权边区和解放区。然后一路高歌，在建设时期发展势头更是迅猛，“铁人精神”“大庆精神”“宁肯一人脏，换来万人净”的时传祥，都是践行劳动最光荣的真实写照。然而，随着改革开放的大门越敞越大，让资本主义社会常见的腐朽思想有隙可乘，劳动最光荣的光环似乎正在褪去，人们对“劳动最光荣”产生了怀疑，甚至认为是过时的。习近平从各个角度切合时宜的反复重申了劳动最光荣的观念，显得尤为重要。我们在向新时代迈进的途中，重新提出劳动最光荣的口号十分必要，让劳动者获得应有的尊重，以劳动来托举新时代，让劳动最光荣重新唱响未来。

②劳动最崇高。劳动最崇高指的是劳动在人类历史发展中的地位崇高。崇高一词在中国古代，被列在“纲常”“圣贤”这一位置上。现如今很多人认为崇高是虚伪的、虚幻的，是高不可攀、遥不可及的，离我们的现实生活很远，是个别人的特殊行为，其实崇高是接地气的，触手可得的。每一个人都可以变得崇高，我们拥有的辉煌历史以及今天的成就都离不开劳动创造。这是“劳动最崇高”最为有力的论断，也直接揭示了崇高的重要地位：劳动最崇高。实现崇高的理想事业，必须有崇高的行动，只有把劳动最崇高的观念转化为具体行动，才能实现共产主义这个崇高的理想。

③劳动最伟大。劳动最伟大指的是广大劳动者伟大以及所从事的劳动伟大。在古汉语字典中，“伟”有伟大的意思，“大”有重要、重大的意思。二者是同义的，一切丰功伟绩的取得都离不开平凡伟大的劳动者们。不管是个体劳动还是集体劳动，其劳动过程都是伟大的。中国共产党自诞生之日起就来自广大劳动人民，为广大劳动人民服务。时代在发展，广大劳动者作为国家的真正主人是推动社会发展的中坚力量，社会在变迁，广大劳动者是引领社会变迁的主要动力。建党 100 年来，广大劳动者发挥着“主力军”作用，他们前仆后继、抛洒热血才有了我们的新中国。中华人民共和国成立 70 多年来，广大劳动者发挥着“开拓者”的作用，他们自力更生、艰苦创业才有了社会主义事业。改革开放 40 多年来，广大劳动者发挥着“奠基人”的作用，他们开拓进取、勇于创新，为把我国建成富强民主文明和谐美丽的社会主义现代化强国而努力奋斗。这些成就都在彰显着广大劳动者的伟大以及他们所从事劳动的伟大。

④劳动最美丽。劳动最美丽指的是劳动过程的美和劳动者人格上的美。在劳动过程中可以创造美、生产美，并且彰显了劳动者人格上的美。不管是脑力劳动和体力劳动哪一种劳动形式，其劳动过程中都可以创造美、生产美。例如，劳动产品就凝结了劳动创造的美，绘画、雕塑等美的作品，都是艺术大师劳动的成果。近年来，多地举办的“寻找最美乡村教师”“寻找最美河湖卫士”“寻找最美劳动者”等活动，就展示了劳动者在人格上的美丽。劳动者的劳动过程也有极高的审美价值，在劳动过程中，在追求结果完美的基础上也要追求过程美。歌曲《纺织姑娘》表达的是纺织姑娘的勤

劳，用勤劳的双手编织出了美好生活。劳动最美丽，将成为指引广大劳动群众方向的路标和内心飘扬的旗帜，将引导广大劳动者追求更加美好的生活。

(3)在行为实践上，辛勤劳动、诚实劳动、创造性劳动

①辛勤劳动。中华人民共和国在七十多年的发展征程中，广大劳动者一路披荆斩棘、辛勤劳动，用一砖一瓦累积砌成如今的社会主义大厦。回首峥嵘岁月，多少荣耀和成就的取得，在苦干实干中铸就；多少历史性的跨越，在挥汗如雨中成功取得；多少豪情壮志，在脚踏实地中成为现实。中华民族每一次辉煌成就的取得，都离不开广大劳动者的辛勤劳动，越是要成就宏图伟业，越需要付出更为艰辛的劳作。事实告诉我们，如果不辛勤劳动，任何宏伟蓝图都只是坐而论道；如果不努力工作，任何梦想都只是南柯一梦。中华民族取得的进步与获得的荣光，中国人民生活的幸福与美好都需要一锤一钉的劳作、一砖一瓦的建设，大学生面对未来的各种挑战，更要以“勤”为本，笃行致远。为明天，为梦想，汇聚起济世经邦的能量，为下一代赢得一个更加期许的未来。

②诚实劳动。诚实劳动是中华民族成就光辉伟业的基石，是一种实干精神。当前，打赢疫情阻击战需要诚实劳动，全面推进乡村振兴需要诚实劳动，守卫绿水青山也需要诚实劳动。然而，市场经济快速发展的今天，社会上一些人为了快速获得财富在劳动中夹杂着虚伪和欺骗，投机取巧生产假冒伪劣产品，这些错误观念和做法也在一定程度上腐蚀着大学生的劳动精神。大学生要足履实地，有学习紧迫感，远离抄袭跟弄虚作假的歪风邪气，结合自身实际，扎实练就真本领，用真才实学挑战自己、超越自己。大学生除了必要的学习外还要投身劳动实践，厚植劳动情怀，跟广大劳动群众在一起，亲身体验劳动，用青春和汗水探索一条既适合自己发展又能助力国家发展的实干之路。

③创造性劳动。创造性劳动是指在劳动过程中发挥自身主观能动性，思维革新、敢闯敢试、勇于探索、开拓创新，创造性劳动是各种劳动形式的高度融合，是辛勤劳动、诚实劳动的进一步升华。国家进入新的发展阶段后，社会发展对广大劳动者不仅提出了兢兢业业、坚韧不拔的要求，更提出了吐故纳新、推陈出新的要求。中国的改革开放进入深水期、攻坚期，没有成功的经验供我们借鉴，没有现成的模式供我们使用，我们必须紧紧依靠创新驱动发展战略，打破常规，转变传统的劳动力和资源低成本优势，走具有中国特色的自主创新道路。从“嫦娥”系列飞天、港珠澳大桥通车到“雪龙”2 号下水、“复兴号”列车奔驰，创新创造已经成为中国最靓丽的底色。大学生只有具备创造性劳动思维，在困难的时候相信劳动的力量，才能在艰难时刻用创造性劳动造就更加美好的未来。

(二)工匠精神

1. 工匠精神的时代演绎

工匠是拥有高超技术的技艺者,工匠精神附着和隐含在工匠的职业行为和职业态度中,表现在产品的质量上,属于精神范畴,因此在阐述时不仅需要考虑其外在表现,更应了解其内在思维对外在表现的重要影响。不同学科倾向、不同角度对工匠精神的内涵表述存在一定的不同,但总体而言可概括为两个方面,即工匠精神的外在表现与内在思维。从古时候传承下来的工匠精神并不是一成不变的,随着时代的进步和技术的发展,工匠精神在不断的蜕变和重生中发生着演绎。

(1)手工业时代的开端与传承

在手工业从农业中分离出来后,对手工业手艺的传承需求的增长,使得在家庭作坊中“父传子”的手艺传承方式开始盛行。手工作坊中“父传子”的技术传承方式,保证了技术的延续性和专利性,工匠精神是潜藏于手工作坊中的。当时工匠精神的外在职业行为和内在职业态度的教授都是在手工作坊中完成的,在这里,师傅对学徒进行着技能教授和道德熏陶。

在手工业时代,虽然在此时工匠精神还未明显地显现出来,但在任何一个手工作坊和生产环节中都体现着对工匠精神的内化和表现。从接受产品的订单、设计产品、生产产品到销售产品都是在手工作坊——相当于是师傅和顾客的直接接触中产生的,如果想要生存和树立口碑,就必须保证对产品品质的高标准。

随着手工业的细化和分工、徒弟数量的增加和行业需求的增大,出现了行会,行会作为手工作坊和行业的桥梁,很大程度上平衡了手工作坊的供给与行业的需求,同时保证了行业流通中的产品品质。行会与师傅、学徒存在相互制约和监管的关系,在行会的监管下师傅招收徒弟并进行技能传授,同样学徒进入师傅的作坊、技能学习的标准、出师等均要受到行会的考核。行会制度的出现使得工匠精神开始明显化。

(2)工业时代的边缘化与回归

由于技术的发展,工厂大机器生产替代手工作业,以达到产品的大批量和快速的生产,使得劳动者成为“局部工人”(劳动过程中,无法掌握工艺知识和自主控制权的受资本雇佣的生产工人),促使劳动者去技能化。在此背景下,劳动者需要学习的往往只是单一工种的单一技能,不再是整套工艺,旧的学徒制已经不适应甚至阻碍了规模化的集体生产,它既不被雇主需要,也不被劳动者需要。由此,学校职业教育的职业教育形态出现了，学校职业教育培养的大批量的流水线的工人代替了手工作坊中“慢工”培养的工匠，致使工匠的技能习得方式和环境发生改变。

在学校教育形式下培养出来的工人是脱离生产实践的，工人的职业态度和职业素养并没有得到全面的养成就进入到工作岗位，使得产品的品质得不到保障，在这样的情况下，工匠精神遭遇很大的冲击，在人才培养的过程中被大大忽视了。在一系列的过程中，工匠精神没有融入工人的职业态度和职业行为中，没能体现到产品的质量中，没有融入消费者的消费观念中，最终形成次品泛滥的状态。

随着工业革命和科技的不断深化、消费观念的不断提升，学校职业教育培育方式的弊端不断显现，学校职业教育的改革势在必行。例如作为改革先行者和成功者之一的德国“双元制”职业教育，在本土文化的基础上，形成由学校和企业二元主体培育工人的培养方式，联邦政府和各州政府、行业组织共同推进职业教育，使得学校培养的学生在进入企业后，迅速熟悉并胜任工作岗位，由此满足企业对用工的需求和要求，确保人才具备相应岗位的职业态度和职业素养，在一定程度上重新回归了重视工匠精神的培育。

(3)后工业时代的继承与转变

随着科学技术的不断革新与发展，丹尼尔·贝尔提出了继工业时代的后工业时代，他认为经济类型不断向第三产业的服务型经济转变，在这样的背景下，出现了工业化与服务化结合的理念，在工业化中嵌入柔性服务，在服务化中蕴含精致工业的理念。在第四次工业革命中，数字化和信息技术将发挥无所不在的力量。经济发展由“制造”向“智造”转变，许多岗位由机器生产所代替，企业员工的素质要求也相应发生改变，对员工的学习能力和综合素养提出新的要求。

技术人才要满足企业需求和自身发展需求，就需要更快适应科技的改变，不断学习新技能，运用创新思维，保证产品品质和创造具有高品质人性化服务理念的产品。在这样的时代背景下，工匠精神的表现与嵌入显得至关重要，新科技的出现，使得许多流水线的岗位和智能化的岗位被机器所代替。在未来科技将占据重要的地位，但人依旧是技术中心，而工人所需要的工匠精神是无法被技术所替代的。要达到产品的高质量，即便机器能够拥有很精密的程序，仍需要工人所拥有的专注的职业态度和职业行为，在人与机器的结合下，共同打造柔性化、个性化、高品质的产品。

(4)当代工匠精神的孕育与更迭

工匠精神在变化过程中，有工匠精神外显表现的产品品质的归属点、劳动对象、工作环境明显地发生变化。工匠在传统的手工作坊中生产产品，是一站式完成产品的订单、设计与生产，再到最后的服务。这份产品的品质直指手工作坊中的工匠，工匠的技艺直接决定着这份产品的品质，决定着这份产品的形象，工匠的技艺包含厚重的职业行为和职业态度。科技的发展开始代替简单的生产劳动，同时也将生产过程不断地分化，企业的管理和组织也相应地细化，这就使得工匠所需要的职业态度和职业素养也复杂化了。

科技的进步使得许多简易的劳动被代替，但这并不意味着从此不需要为技术工人设岗，技术工人的岗位由直接接触产品转变为“后台”，工人需要利用科技对生产产品的机械进行管理、维修、创造，工匠精神的价值将在这些方面凸显。同时技术更新速度非常快，可能现在刚刚掌握的技术，在不久之后将被新技术替代，工匠精神的载体和表现形式不断地改变，对工匠的学习能力的要求也不断地提升。

工匠精神的外在表现不断变化与充实的过程中，其技能水平所外显的工匠精神是不变和继承的，同样工匠精神的核心内涵在时代的长河中是不变与继承的。无论是在手工业时代还是在工业革命后洗礼进入现代，一个工匠被称为“大国工匠”并拥有工匠精神，最明显且最直接的表现就是他的作品，工匠的工匠精神素养的养成，必定伴随着这个工匠的技艺提升，精神内涵与技能塑造是同步进行的。工匠精神的核心内涵从古代到现代的时间、空间变化并没有让其发生变化，其本质是精益求精、一丝不苟的职业素养和职业行为。在成长的过程中不断地磨炼自己的技能，同时也不断地塑造自身的精神，在“技”与“道”同时达到一定的高度时，保持一份信心、耐心、细心、恒心，保障自己所生产的产品能够被别人信赖，生产高品质的产品。

2. 新时代工匠精神的本质及内涵

中国特色社会主义进入新时代，党和国家的事业发生历史性变革，我们肩负新的历史使命和历史责任，面临新的历史性挑战。国家现阶段智能转型升级发展离不开工匠精神的指导。“工匠精神”来源于每个工匠，是工匠内在品质的集合，是对工匠的升华和发展。“精神”来源于物质，指人的意识和思维活动，代表着向往与执着。工匠精神就是凝结在具有高超手艺的匠人身上，在工作中表现出来的吃苦耐劳、持之以恒、认真负责、精益求精等精神。

(1)新时代工匠精神的本质特征

特征是事物特殊的征象、标志，指的是概念的属性，反映事物的本质。对工匠精神特征的探求能够更为本质地了解其核心内涵，进而厘清其本质构成，更好地发挥工匠精神的现实作用。

①工匠精神是历史性与时代性的结合。从时间发展的横向演进脉络来看，工匠

精神所体现的是历史发展过程中工匠群体具有的意识、行为和心理状态的集合，它来自历史中无数匠人实践活动的总结。同时在不同的历史阶段下工匠精神又有明显的时代性特征，如工匠精神中所具有的创新精神在当前备受弘扬，科学技术是第一生产力，而其背后就是创新精神的支撑引领，需要放眼当下，用时代视角去看待工匠精神，充分发挥工匠精神的作用。

②工匠精神是政治性、社会性和教育性价值的结合。以前工匠这一群体服务于统治阶级，为他们构筑真实存在的社会必需品。当前国家综合国力的提升亦离不开工匠精神，具有一定的政治要求。而工匠精神的社会性则体现在工匠群体所产生的巨大的社会效益中，小至器物雕刻制陶纺织，大到火箭飞机铁路桥梁，具备工匠精神的匠人创造的成果为国家和社会带来了经济价值。此外，工匠精神一方面是中华民族优秀的传统文化，另一方面也与社会主义核心价值观高度契合，具有重要的教育功能。因此工匠精神作为政治、社会、教育的结合，服务国家发展，创造社会价值，实现立德树人。

③工匠精神是稳定性和创新性的结合。从古至今，无论是封建社会的手工匠人还是当代的大国工匠，由于社会对于工匠创造社会价值和经济价值的需要没有变，因此工匠精神所具备的工作态度、工作能力和道德素养在不同的历史时期都是相似的，具有其稳定性。但在长期发展的历程中，因时代变化而增添新的内容或赋予新的意义，具有其创新性，要求工匠在工作实践中通过自身理解认识的不断提高而实现技术方法上的变革，秉持精益求精的工作理念实现创新。

(2)新时代工匠精神的核心内涵

工匠精神的内涵因我国工匠历史的久远赋予工匠精神以概念性标记，而时代和实践的同步发展则更多赋予其内涵上的标定，升华为这一群体所集中体现的意志、思想和行为。新时代"工匠精神"的核心便是精进，可从以下六个方面概述其内涵。

①新时代工匠精神之德——爱岗负责、敬业奉献。爱岗是对自己从事的工作充满兴趣，把工作当成一种精神享受；敬业是对自身所从事的工作满怀热爱与敬畏之情，保持勤恳谨慎、尽心竭力的态度。爱岗敬业是一种职业精神、一种职业态度、一种追求境界与内在美德，它更是一种默默的奉献、一种高尚的理想、一种强劲的力量。这是中华民族的传统美德，也是新时代所有人民所必备的品质之一，是时代的需要，也是奋斗者所必备的第一素质。

②新时代工匠精神之道——德艺兼修、道技合一。德艺兼修是指工匠在提高自己技艺水平的同时，也要加强自身的道德素养。《左传》记载："正德、利用、厚生，谓之三事。"这就是对工匠们在道德品质方面所提出的要求。工匠不能只追求技艺的精

湛,还需要追求超越技能的“道”,即“做人之道”。新时代科学技术迅猛发展,更要坚持以社会主义核心价值观为引领,把实现德与艺、道与技并进作为自己的追求目标。

③新时代工匠精神之至——精益求精、追求卓越。老子说:“天下大事,必作于细。”工匠对于自己产品品质的追求只有持续性,没有终结性,在他们眼中产品品质只有更好,没有最好,永远在追求品质的路上。港珠澳大桥岛隧项目总工程师林鸣,被称为大国工匠,他在最后一节沉管的安装完毕后,发现存在 16 厘米的安全误差,但他坚持拆了重装,经过将近两天的重新精调,使偏差缩小到不到 2.5 毫米。精益求精、追求卓越是新时代工匠精神的核心,也是工匠在产品制作中的目标追求。

④新时代工匠精神之信——信仰坚定、协作共进。工匠在产品制作的过程中追求品质的精益求精,需要具有无比坚定的信仰。匠人们之所以可以坚持几十年如一日地做同一件事情就是因为内心的信仰坚定、不动摇。同时由于生产方式的改变,所有的工序不可能由一个人全部完成,需要团队共同协作。信仰是融于灵魂深处的动力,协作是来自外部的推动力,在信仰坚定的基础上继续保持协作共进的团队合作意识是新时代工匠精神的要义。

⑤新时代工匠精神之行——勤于钻研、勇于创新。工匠精神包括敢于突破、钻研创新的内蕴。在中国早就有“艺痴者技必良”的说法,执着与勤奋是匠人成就自身所必备的精神特质,此外匠人们还热衷于创新和发明,体现了“匠心独运”的理念。“匠”是基础,反映的是对于工作的基础本领和专业知识,“心”是提升,反映的是在工作中的创新创意,新时代工匠精神的灵魂就是钻研创新,要以有无创新精神来衡量一个工人是否为新时代的“工匠”。

⑥新时代工匠精神之继——薪火相传、与时俱进。工匠精神大多来源于传统艺术或传统非物质文化遗产,要想更好地延续其精神,就需要年轻一代学习行业里具有高水平专业技能人才的宝贵工作经验和专业技术,使精湛的技艺得以薪火传承。新时代工匠精神不能止步于秉承传统工匠精神,还要吐故纳新,成为工匠精神在新时代的一种新的实现形式,所以需要与时俱进,随着时代的发展而丰富其价值。

3. 高职院校培育工匠精神的时代价值

工匠精神是推动国家经济社会转型发展的现实要求,也是高校培养与社会发展需求相适应人才的必然要求。“中国制造 2025”战略指出,大力培养“大国工匠”是创新型国家建设的重要支撑。大学生作为推动社会发展的主体力量,肩负着新的时代重担和历史使命,更需要培育和践行工匠精神。

(1)工匠精神是践行社会主义核心价值观的现实要求

社会主义核心价值观与中国精神相呼应,是全国人民团结奋斗的价值指引,新时代大学生的职责和使命之一就是践行社会主义核心价值观。工匠精神包含的敬业的职业道德与社会主义核心价值观中对公民敬业的职业要求相一致，作为工匠精神的传承者和践行者中最有活力的群体，他们将为各行各业注入新鲜血液。新时代我们的国家日益走近世界舞台中央，当代大学生作为国家未来的主人，将秉承诚实守信的工匠精神，在国际事务中践行社会主义核心价值观，与世界携手构建人类命运共同体，承担国家发展的重任。

(2)工匠精神是实现国家“智能”转型发展的战略需求

我国要实现制造业的“智能”转型发展，工匠精神必不可少。匠人是把我国建设成为制造强国的基石，中国制造业强国目标的实现，急需大量积极进取、勇于创新、技术高超、专业过硬的具有工匠精神的人才，为中国的发展战略提供支撑。大学生作为国家发展的人才资源，社会主义现代化建设的后备人才力量，培育其工匠精神，是实现国家“智能”转型发展的战略需求。

(3)工匠精神是促进大学生实现自我价值的内在需求

新时代大学生作为我国社会主义现代化强国建设过程中的追梦者和圆梦人，需要用创新和实践承担强国重任。工匠精神所包含的工匠对于事业专心致志、淡泊名利、持之以恒的精神境界，对大学生具有很好的榜样引导作用。学生在高职院校毕业、走上职业发展之路以后，只有把自己的工匠精神和职业理念物化成一件件精雕细琢的产品，才能实现服务企业、回报社会、个人持续发展的终极目标。

(4)工匠精神是推进产教融合、校企合作的客观要求

我国经过改革开放四十多年的快速发展，已成为一个产业大国，已进入由“制造大国”向“制造强国”的转型升级阶段。产教融合和校企合作作为职业教育发展的命脉，是提高技术技能型人才培养水平和职教吸引力的必由之路，也是经济发展方式转变和企业转型升级的重要保障。高职院校坚持走产教融合、校企合作发展之路，让学生从课堂走入工厂，从书本走向实践，从理想走进现实，有利于加速其从学生到工匠的华丽“蜕变”。

4. 新时代大学生工匠精神的积极表现

新时代的大学生，对知识的追求是最基本的，除此还有精神层面的更高追求。新时代强调的创新意识和工匠精神对国家的文明进步和大学生的成长、成才都起着重要的作用，同时新时代大学生对工匠精神表现出更为积极的追求。

(1)有重视工匠精神的态度

大学生对于工匠精神有着主动重视的态度，其具体表现为：对工匠精神的了解以及认识到学习工匠精神的重要性。曾有调查研究表明：60.19%的学生认为一个人的成功不能离开工匠精神，同时48.15%的学生认为工匠精神在现代社会发展中非常重要。新时代大学生群体中大多数人明确认识到工匠精神为其成长提供动力支持，这也为他们主动培育自身的工匠精神奠定基础。

(2)有勇于开拓创新的魄力

大学生对于专业知识的学习有着勇于探索的魄力，其具体表现为对专业知识的求知欲，当有了对专业知识的兴趣爱好和学习耐心，在一定程度上能提高学生深入研究的热情和不断创新的意识。大学生在学习中能够拥有开拓创新的魄力，也反映出大学生身上所具有的工匠精神。

(3)有主动规划职业的意识

大学生有主动规划职业的意识，其具体表现为有明确的职业选择，不管出于何种选择动机，都对自己的未来有一定的方向。面对快速发展的社会变化和时代需求，要求当代大学生充分把握学习时光，努力丰富科学知识，在明确未来职业选择的前提下，练就真本领，方可真正培育自身工匠精神并落到实处，以应对日后择业中的各种挑战。

(4)有敢于成就自身的信念

大学生有主动规划日后职业方向的意识，同时也有努力培育自身工匠精神的决心，有希望自身成为工匠精神代表人物的信念。而这一切在实际学习与工作开展中间接反映出新时代大学生的积极心态和坚定信念，认识到成为工匠的艰辛过程，仍希望通过自身努力更好地实现个人目标与时代发展需求。

(三)劳模精神

1.劳模精神的时代变迁

劳模精神根本上是一种精神，通过劳模展现，既体现了劳动的本质，又体现了劳模的先进性，是推动劳动向前发展的精神力量。其实质就是要通过诚实劳动为人民创造美好的生活，为国家开创崭新的局面，这是中华民族几千年发展历程中最伟大的总结。

(1)劳模精神的初创时期

延安时期是我国建设发展的特殊时期，也是劳模精神的初创时期。当时的中国正处于严峻的困境当中，物资匮乏、生产停滞，人民生活水平落后、温饱需求都难以满足，在这种社会条件下，开展大生产运动，党中央和边区领导以身作则带头参加生产劳动，与群众生产在一起，与百姓奋斗在一处。

初创时期的劳模精神体现了劳动人民对美好生活的向往和投身革命、改变国家命运的渴望，最本质的特征是崇尚劳动、劳动光荣。这一时期的劳模精神提高了人民群众的思想觉悟，推动了生产力的发展，改善了人民的生活环境。

(2)劳模精神的摸索时期

中华人民共和国成立到改革开放这一时期是劳模精神的摸索时期，感恩奉献、报效国家的劳动热情是这一时期劳模精神的集中体现。这一时期所涌现出的劳模，来源于基层，扎根于基层，他们不怕艰苦，甘于奉献，工作岗位虽然平凡，但劳动热情高涨，以忘我的精神、以国为家的主人翁责任感赢得了社会的尊重，发挥自己的光和热，成为激励全国人民的楷模。

(3)劳模精神的完善时期

劳模精神完善于改革开放以后，这一时期的劳模精神表现为求真务实、拼搏进取、全力以赴、勇于担当。1988 年，邓小平提出“科学技术是第一生产力”，社会各界倍受鼓舞，涌现出大批科技战线上的劳动模范，他们一靠解放思想，二靠解放生产力，发扬求真务实、拼搏进取的精神，他们推动改革，促进发展，用劳动和创造谱写建设社会主义强国的新篇章。这一时期的劳模是解放思想的先行者，是开辟道路的尝试者，是理论创新的应用者，他们所具备的劳模精神更是成为引领改革开放、实现民族大发展的思想保障。

2. 新时代劳模精神的本质及内涵

劳模精神体现着人民群众的劳动态度，传承着中华民族热爱劳动的传统美德，并且随着时间的推移而不断深化和发展。新时代弘扬和传承劳模精神，需要明晰劳模精神的本质特征和核心内涵，才能更好地在实践中弘扬劳模精神。

(1)新时代劳模精神的本质特征

劳模精神既是体现在劳动模范身上的优秀品质，又是中华民族传统美德的结晶，

在时代变迁中，是我国工人阶级优秀品格的体现，是对伟大的中华民族精神的传承，是对改革创新时代精神的彰显，更是社会主义核心价值观的生动诠释。

①新时代劳模精神是工人阶级优秀品格的表现。坚持和发展中国特色社会主义，必须全心全意依靠工人阶级、巩固工人阶级的领导阶级地位，充分发挥工人阶级的主力军作用。2015 年 4 月 28 日，习近平总书记在庆祝“五一”国际劳动节暨表彰全国劳动模范和先进工作者大会上再次强调，当代中国的主体永远是工人阶级和广大劳动群众，他们始终是推动经济社会发展和维护社会稳定的根本力量。劳动模范作为我国工人阶级中最闪光的一个群体，他们身上凝聚的劳模精神始终体现着我国工人阶级的优秀品格。

②新时代劳模精神是伟大的中华民族精神的传承。习近平总书记在十三届全国人大第一次会议上，重新定义中华民族的伟大精神，阐述中华民族是具有伟大创造精神、伟大奋斗精神、伟大团结精神和伟大梦想精神的民族。这四个伟大精神精准而深刻地描绘出中国人独有的气质和禀赋，即富于创造、崇尚奋斗、团结一心、追求梦想。这四个伟大精神体现在中华民族从站起来、富起来到强起来的奋斗过程中锻造的不同精神中，其中劳模精神就是对它的一种传承与发展。

③新时代劳模精神是改革创新的时代精神的凝结。时代精神是一个国家和民族在新的历史条件下形成和发展的思想观念、价值取向和精神风貌的总和。劳模精神是改革创新的时代精神的有力彰显，是一种人文精神，代表的是一个时代的价值观、道德观与世界观，展示的是一个时代的民族思想与情愫，是时代精神的典型化、人格化。劳模在实践中所表现的精神品质，代表着社会先进生产力的发展方向，引领着时代的进步潮流，丰富和发展着时代精神的内涵。

(2)新时代劳模精神的核心内涵

2016 年，习近平在知识分子、劳动模范、青年代表座谈会上的讲话指出：“劳动模范是劳动群众的杰出代表，是最美的劳动者。劳动模范身上体现的‘爱岗敬业、争创一流，艰苦奋斗、勇于创新，淡泊名利、甘于奉献’的劳模精神，是伟大时代精神的生动体现。”这是党和人民共同创造的具有中国特色的崇高精神，体现并诠释着民族精神与时代精神。

①爱岗敬业是当代中国劳模精神的基础。劳动创造了人本身，在解放和发展生产力的过程中，劳动促使职业分工，这就需要人们具备必要的职业道德和职业精神来协调各种关系。而爱岗敬业是职业道德的基石，要把职业道德视为岗前和岗位培训的重要内容，培养其敬业精神。习近平在学习黄大年同志先进事迹的重要指示中指出，要学习黄大年同志“教书育人、敢为人先的敬业精神”，这为我们在新形势下弘扬爱岗敬业的职业精神、共筑民族复兴的伟大梦想注入了强大思想和行动力量。

②争创一流是当代中国劳模精神的灵魂。争创一流是当代劳模具有竞争力、战斗力和爆发力的精神源泉，是当代劳模以高标准、高目标要求自我的高尚情操。需要树立自信心、提振精气神，以'敢为人先、追求卓越'的精神状态高起点谋划、高标准定位、高质量落实、高效率推进。争创一流作为当代中国劳模精神的灵魂，是一种思想意识，是劳模充分发挥主观能动性，创先争优的内生动力。

③艰苦奋斗是当代中国劳模精神的本色。艰苦奋斗在实践中成为人的一种价值取向，蕴含着人对某种价值的执着追求。马克思指出，劳动力或劳动能力是"一个人的身体即活的人体中存在的、每当他生产某种使用价值时就运用的体力和智力的总和"。当代中国劳模精神之所以能够继续发挥其号召力、感召力和影响力，就是因为劳模精神中包含着长期以来具有的、始终如一的艰苦奋斗精神因素，并成为当代中国劳模精神最稳定和永恒的本色。

④勇于创新是当代中国劳模精神的核心。勇于创新是马克思主义的实践向度和理论品格，以马克思主义为指导的中国当代劳模精神，需紧紧把握勇于创新这一内涵。新时代科技发展战略是习近平新时代中国特色社会主义思想的重要组成部分，是马克思主义中国化的最新理论成果。尤其是党的十八大以来，勇于创新已融进劳模的血液，印刻在劳模的心田。勇于创新、强于创造已然成为当代中国劳模精神的关键内容和核心内涵。

⑤淡泊名利是当代中国劳模精神的境界。淡泊名利是中国劳模固有的精神境界，涵养着当代中国劳模精神。例如大家熟知的袁隆平先生用一生诠释着劳模精神的力量，身上令我们尊重和推崇的，除了敬业奉献的情操和爱国爱民的情怀，还有淡泊名利、宁静致远的精神境界。他把全部精力都放在了杂交水稻上，放在了解决中国人的吃饭问题上，并且把杂交水稻的专利权无私地捐赠给了国家。正确的名利观会影响和铸就高品位和高格调的人，新时代我们仍需要学习继承老一辈劳模体现的谨守本分、淡泊名利的精神境界，弘扬当代中国劳模精神。

⑥甘于奉献是当代中国劳模精神的底色。甘于奉献精神是中国共产党人的行为准则和社会主义市场经济的道德价值导向，习近平强调，"忠于党、忠于人民、无私奉献，是共产党人的优秀品质"。在奉献中创造价值，在奉献中实现人生价值，在奉献中收获尊敬与爱戴。能奉献、乐奉献、求奉献已成为劳模的思想自觉和行动自觉。甘于奉献已成为中国劳模精神最鲜明的标识，镌刻着劳模为党和人民贡献一切的光荣而不朽的印记，是当代中国劳模精神内涵中最亮丽的底色。

3. 高职院校培育劳模精神的现实意义

习近平总书记关于劳模精神的重要论述，直面党的十八大以来国内外形势的深

刻变化和我国社会主要矛盾的发展变动，深化发展了新时代劳模精神的时代认知、时代特征和时代内涵。新时代劳模精神是培育时代新人的重要手段，是文化自信的重要支撑，是实现伟大复兴中国梦的重要力量。

通过强化教育引导、舆论宣传、文化熏陶、实践养成、制度保障，培养和造就具有劳模精神的时代新人，激发广大劳动者干事创业的积极性、主动性和创造性。培育、弘扬和践行新时代劳模精神，引导全社会特别是青少年树立正确的劳动价值观，涵养深厚的劳动情怀，倡导积极向上的劳动姿态，全面提升劳动者的整体素质和精神品格，为新时代中国特色社会主义事业培养更多的合格劳动者与建设者。

培育弘扬劳模精神对国家、社会、个人三个层面都有着关键性影响，着重体现在以下几个方面。

(1)发挥劳模精神对国家发展的导向与凝聚力量

“人民是历史的创造者，是决定党和国家前途命运的根本力量。”人民创造历史，劳动开创未来。当前，全国各族人民正满怀信心为实现我们党确立的“两个一百年”的奋斗目标而努力，为建成富强民主文明和谐美丽的社会主义现代化国家和实现中华民族伟大复兴的中国梦而奋斗，这些目标归根到底要靠劳动者的辛勤劳动、诚实劳动、科学劳动、忘我劳动、创新劳动来实现。

在新时代中国特色社会主义的伟大实践中，必须强化当代中国劳模精神的导向引领作用，这有利于培育树立共产主义远大理想和中国特色社会主义共同理想；有利于培养树立个人发展与国家进步、个人发展与民族前途命运紧密相连的人生价值观；有利于激发通过满足广大劳动人民的根本利益和实现人民对美好生活的向往而产生的感召力、推动力。

(2)发挥劳模精神对社会进步的管理与教育作用

当代中国劳模精神是推动社会进步的巨大精神力量，是社会主义核心价值观的生动展现，具有很强的示范性和引领性。党的十九大报告指出，要弘扬劳模精神，营造劳动光荣的社会风尚，使人人都有通过辛勤劳动实现自身发展的机会，构建和谐劳动关系。

劳模精神诠释着民族精神的精髓要义，体现着时代精神的核心内涵，支撑着社会主义核心价值观，彰显着中国特色社会主义文化自信。充分发挥当代中国劳模精神稳定和持久的教育引导功能，将其融入新时代中国社会治理的大格局，不仅可以教育人、引导人，还可以有效消解社会心理压力、安抚社会情感、疏导社会情绪，可以引领社会价值、整合社会冲突、唤醒社会正能量，可以调节社会运行方式，引导社会健康发展，促进社会治理改善。

(3)发挥劳模精神对个人成长的激励与引领支撑

个人发展指提高自我意识,成就个体自我的发展,实现个人才华和发挥潜力,整合社会身份与自我认同,同时一个人的价值包含自我价值和社会价值两个方面,而这两种价值的实现都离不开劳模精神。当代中国劳模精神具有丰富的内涵,“爱岗敬业、争创一流,艰苦奋斗、勇于创新,淡泊名利、甘于奉献”都是中华民族最崇高的精神品质,是人类最美好的道德情操,任意一个内容都可以起到激励人、鼓舞人、动员人、成就人的作用。

当今社会对劳模的评选、表彰和宣传,不仅对劳模本人和其身边的人具有有效的激励作用,而且对引领全社会全体劳动者也具有积极意义。其实质就是弘扬劳模精神,宣传劳动光荣、倡导爱国敬业,鼓励创新创造、歌颂奉献品格,彰显的是对劳模精神价值的肯定,发挥劳模精神对个人成长的激励与引领作用。

4. 劳模精神培育融入新时代大学生劳动教育

大力宣传劳动模范先进事迹,引导广大学生向劳模学习,以劳模为榜样,把劳模精神、劳动精神、工匠精神作为勇往直前的精神力量,树立辛勤劳动、光荣劳动、创造性劳动的理念,是高校劳动教育的重要内容。

新时代将劳模精神融入大学生劳动教育需围绕“立德树人”这一中心,抓住“学生群体”这一核心,用好“课堂实践”这一载体,深入贯彻“三全育人”这一教学理念,实现青年学子的全员、全过程、全方位培育。

(1)以立德树人为中心,实现劳模精神全员化培育

紧密围绕“一个中心”,将劳模精神融入劳动教育,以立德树人根本任务为中心,以劳模精神进校园为重要抓手,将劳模精神贯穿劳动教育,实现劳模精神与思想政治教育、专业知识教育、实习实训教育、社会实践与志愿服务、创新创业教育、职业生涯教育以及校园文化建设相结合,落实劳模精神全员化培育。立足校园讲好劳模故事,以劳模的先进事迹感动青年学生、以劳模的卓越贡献激励青年学生、以劳模的高尚情操带动青年学生、以劳模的创新创造引领青年学生,使劳模精神成为劳动教育的重要支撑和载体,成为培育社会主义核心价值观的重要源泉与动力。

(2)以学生主体为核心,实现劳模精神全过程践行

以学生为主体,将劳模精神融入学生学习生活全过程,课堂上创新教育教学方式,课堂外借助师生结对、课题研讨、网络学习等多元形式构建学习共同体。校园之

内把劳模精神融入校园物质文化、精神文化、制度文化建设中，校园之外立足开放、整体性的大教育观，建立全社会共同责任和共同利益机制，将劳模精神渗透到学生学习生活各方面。在此基础上，进一步强化对劳模精神与劳模文化的深层次研究，实现劳模精神育人理念，推动劳模文化学术化、学科化。

(3)以课堂实践为载体，实现劳模精神全方位融入

以课堂为载体，实现劳模精神进校园全覆盖、全方位融入教育教学，使其制度化、常态化、多样化。例如选聘劳模作为导师，与在校大学生结对，实现知识传授与价值引领相结合，促使劳模精神入脑入心，扎根校园、扎根课堂、扎根学生。做好第一课堂的教育引导外，开辟第二课堂的实践价值，建设高层次、高质量、重实效的劳模育人教学实践基地，构筑走向劳模、了解劳模、感受劳模、热爱劳模、学习劳模的桥梁，实现劳模精神理论与实践、学习与探索、继承与创新全方位融入与深化。

要把劳动精神、劳模精神、工匠精神做一定的区分。如果说劳动精神是每一名合格劳动者的基本精神风貌的要求，那么劳模精神便是劳动者中的杰出代表的精神风貌。如果说劳动精神是劳动者的共性，则工匠精神就是精益求精、追求卓越的劳动者的个性。三者的共同点在于，劳动精神、劳模精神、工匠精神都是通过劳动磨砺出来的精神产物，都是广大劳动者的精神财富。基于劳动精神的基础性，在大学生中着重开展劳动精神教育，既符合大学生的身份，又能为将来促进劳动精神饱满的优秀大学生成长为行业劳模、大国工匠打下坚实基础。

二、掌握必要的劳动技能

(一)生活技能

1. 生活技能的含义

生活技能又称心理社会能力，是指个体将知识(所知道的)和态度/价值观(所感觉到的，所相信的)转换为行动(做什么和怎么做)。世界卫生组织将其定义为：个体采取积极和适应的行为，有效地处理日常生活中的各种需要和挑战的能力。生活技能主要包括五对十种能力：自我认识能力—同理能力、有效的交流能力—人际关系能力、处理情绪问题的能力—缓解压力的能力、创造性思维能力—批判性思维能力、决策能力—解决问题的能力。

2. 生活技能评价基本要素的具体指标

为更深入、全面、具体地了解生活技能这一概念，客观、准确、评价自己在相关生活技能方面的表现，常借助一些基本要素的具体指标进行分析判断，见表 2-1。

表 2-1 生活技能评价基本要素的具体指标

维度一：自我管理

项目	内容
情绪管理	我经常不知道自己为什么生气或沮丧
	我觉得很难向朋友解释我的感受
	我试着理解朋友为什么不高兴
	当我烦心时，我觉得我仍然可以控制我的行为
	当我烦心时，我需要一段很长的时间才能感觉好点
	我经常想办法让自己心情更好
	我知道该什么时候和用什么方式与别人谈论我的问题
	当我体验到一种积极的情绪时，我知道如何让它持续
	我表达愤怒的方式常常伤害自己或别人
	我可以通过观察他人的面部表情来识别他们的心情
压力管理	我使用一些有效的时间管理方法，如记录我的时间，制作待办事项清单、任务排序表等
	我按轻重缓急处理事情，以免被不重要的事情耽误太多时间
	我能意识到紧张情绪的产生
	当我有压力的时候，我和朋友聊天
	当我紧张时，我会通过静坐、深呼吸来使自己平静下来
	在压力大的情况下，我乐观处之并以积极的方式看待自己
	压力大的时候，我通过做一些令人愉快的活动来放松自己，比如听音乐、看书、玩乐器、看电视等
	当感到压力很大时，我会换一个角度来看问题
	我能有效地借助他人之力完成工作任务
	我会在接受任务时有所选择，量力而行

维度二:人际交往

项目	内容
同理心	在公共场所看到无助的老人时,我感到不安
	当我阅读一篇吸引人的故事或小说时,我会想象:如果故事中的事件发生在我身上,我会感觉怎么样
	在批评别人前,我会试着想象:假如我是他,我的感觉如何
	当看到有人被虐待或惩罚时,我不会不理会
	我经常说"我能理解你的感受"之类的话
	我很少会在别人分享他们的意见时做评判
	我不容易受到他人情绪的感染,例如快乐、悲伤或者心烦意乱
	我会对其他人有什么样的感觉感兴趣
	当看到两人吵架或争论时,我会感到难受,会试图帮助他人
	即使他人说到有关他/她自身的话题,我也不会转移话题
人际关系	当我遇到新朋友时,我主动介绍自己并会第一个发言
	当朋友做了好事时,我会赞美他们
	我经常会和身边的人发生冲突
	我不知道如何与异性相处
	我知道如何发展和维护与他人的关系
	我能与不同的人和谐相处
	当在一个团队工作时,我能和他人友好相处
	我能从同龄人那里得到情感支持
	我尊重有不同背景、习惯、价值观或外表的人
	我能在友谊关系中保持独立性
有效沟通	我用提高音量或放慢速度等方式来强调我想说的话
	当别人的观点和我不一致时,我能先听他说完
	我用肢体语言来强调我想说的话
	我能明白别人的非言语信息所表达的意思
	我能听出别人的言外之意
	我会根据我与他人的关系(如朋友、父母、老师等)来改变说话的方式
	我试着回应对方的内容,而不只是附和或敷衍他们
	在回应他人之前,我确定自己理解了他所说的
	当和朋友讨论时,我会通过各种方式确认他们是否理解我的观点
	当有人发脾气或喋喋不休时,我会改变说话的语调或想办法转移话题让他们冷静下来

3. 培育生活技能的意义

生活技能教育是基于个体心理社会能力发展培养的教育，其目的是拥有应对日常生活挑战及解决生活危机的能力，以便于更有效地参与社会生活。生活技能教育面向未来生活与工作，对受教育者的心理社会能力发展具有推动作用，符合时代要求。生活技能教育与21世纪世界范围内的教育改革同向同行，是促进“人成为人”的教育，是符合教育价值转向“人的培养”的教育，符合当前我国职业教育现代化与职业教育“德技并修”的要求。

4. 如何掌握必备的生活技能

生活技能训练是以学生为主体的教学活动，在教学方式上以互动参与式为主，能最大限度地调动学生的学习热情、既有经验和发展潜力，使学生真正成为自己学习的主人，有利于学生自愿地采纳正确行为。生活技能的掌握主要通过以下两种途径：

(1)同伴教育

①选择同伴教育者：选取在学生中有影响力和号召力的学生干部、学生社团的组织者等作为同伴教育者。

②培训：对选定的同伴教育者进行生活技能培训，培训的内容侧重于价值观的判断，形成理性决定的能力。

③行动：和同伴教育者共同拟订训练计划，同伴教育者以小讲座、宿舍“卧谈会”、团体活动等多元方式向周围同学传播知识技能，帮助同学掌握必要的生活知识和技能。

④反馈和支持：与同伴教育者保持密切联系，经常听取他们的行动反馈，共同分析训练报告并不断向他们提供支持和信息。

(2)社会实践

这一模式的要点是结合课堂教学及专业课程的实践性学习，让学生以小组或个人的形式对相关职业领域的单位、个人进行访问，或个人到不同行业求职、实习，与不同文化层次、不同教育背景的人交往、交流，检验、反馈、内化学生课堂所学的技能，同时也让学生自己对照出自己需要改变的行为、技能。

(二)职业技能

1. 职业技能的含义

职业技能是指在职业分类基础上，根据职业的活动内容，对从业人员工作能力水

平的规范性要求，是从业人员从事职业活动，接受职业教育培训和职业技能鉴定的主要依据，也是衡量劳动者从业资格和能力的重要尺度，同时以职业活动为载体，是从业者在工作过程中形成的相关职业活动所需专业技术与技能，其基础是职业标准与职业规范。根据我国的具体情况，可以将职业技能定义为按照国家规定的职业标准，通过政府授权的考核鉴定机构，对劳动者的专业知识和技能水平进行客观公正、科学规范的评价与认证的活动。

2. 高职教育中职业技能具备的基本特征

(1)应用性

职业教育中的能力培养以社会需求和市场需要为目标，以技术应用能力为主线，侧重于各种基本能力在职业活动中的具体应用，而且更多地表现为产业性特点，主要是在生产、技术、管理和服务等不同领域发挥作用。

(2)层次性

基本职业能力是多方面、多层次、多领域的复合体。就其层次性而言，是一种树状结构；就其复合性而言，是一种网状结构。特别是随着经济信息时代的到来，人才素质日益向通用型、复合型靠拢，多层次、多领域的能力要求是现代职业发展的方向。

(3)专门性

基本职业能力是针对一定职业的能力，假若离开其职业方向，便谈不上基本职业能力的存在。

(4)个体性

对于不同的个体对象，既有能力指向目标的多样化差异，又有能力强弱和水平高低的随机性差异。学生基本职业能力的目标指向、水平层次与个人性格、兴趣、爱好和需要等密切相关，这也正是国家倡导对学生进行个性化教育、因材施教的基础。

(5)可变性

随着社会的发展和科技的进步，基本职业能力的内容处于不断的发展和变化之中，由于生产力的提高，当人类开辟了新的生产领域，新的能力也就随之产生，旧的能力也获得新的内容。同时个人一生的职业岗位不可能一成不变，岗位的变化使得对个体的能力要求也随之迁延，而且能力水平也在不断提高，处于一种不断发展、不断扩张的变化之中。

3. 掌握职业技能、培育职业精神的重要性

21世纪是知识经济发展的世纪，世界各国综合国力的竞争，主要是经济和科技实力的竞争，归根结底是人力资源的竞争。现代社会不仅需要大批具有较高技术理论的研究型、设计型的科技人才，而且更加需要大量的具有丰富实践经验、勤奋敬业、技艺高超的高技能型人才。职业技能教育在提高劳动者素质、促进就业、实现经济增长方式转变和延迟就业、缓减就业压力、促进地方经济社会发展、增进社会和谐稳定中所起的作用日益明显。其本质特征是具有专业基本知识和基本技能的实际应用能力，即具有鲜明的实用性和实践性；其行为特征是知识与技能的应用活动，不是机械的模仿和简单的劳动，而是在“应知”基础上“应会”的智能性行为。

职业精神与职业技能融合培养是深化职业教育改革的重要举措，是为经济社会发展提供充足的高素质技术技能人才，也是高等职业院校和学生自身全面可持续发展的需要。职业精神与职业技能融合培养有利于实现国家战略发展，实现职教高质量发展。

2019年，国务院印发《国家职业教育改革实施方案》，指出“落实好立德树人根本任务，健全德技并修、工学结合的育人机制”“要实现职业技能和职业精神培养高度融合”。高职教育的目标是培养生产、建设、管理、服务等一线岗位需要的高素质技术技能人才，使学生能够满足经济转型、产业升级下的企业要求，未来在职场中有不错的发展。

截至2021年底，全国技能人才总量超过2亿人，高技能人才超过6 000万人。这些技能人才是支撑中国制造、中国创造的重要力量，对实现产业转型升级、推动经济高质量发展发挥着重要作用。技能是强国之基、立业之本。习近平总书记指出：“要在全社会弘扬精益求精的工匠精神，激励广大青年走技能成才、技能报国之路。”

4. 如何掌握必备的职业技能

《国家职业教育改革实施方案》强调把职业教育摆在更加突出的位置，对接科技发展趋势和市场需求，完善职业教育和培训体系，优化学校、专业布局，深化办学体制和育人机制改革，鼓励和支持社会各界特别是企业积极支持职业教育，着力培养高素质劳动者和技术技能人才，为促进经济社会发展和提高国家竞争力提供优质人才资源支撑。

以国际金融专业为例，浙江金融职业学院在长期的教学实践中将高职学生必备

的职业技能分为三类:基础技能、专业技能和核心技能。基础技能指同类专业学生根据职业要求必须掌握的基础能力;专业技能是学习之后获得的专业化能力;核心技能是能体现个人素质和风格,并易于形成个人魅力的能力。浙江金融职业学院主要通过以下途径,帮助学生掌握必备的职业技能。

(1)挖掘并形成基础技能

国际金融专业学生需掌握几种基本技能,包括演讲能力、产品演示能力、打字能力、Word 文档的编辑和排版能力、Excel 表格的应用能力、PPT 报告的撰写能力以及公文写作能力等。基础技能要求学生在大一阶段掌握。

(2)挖掘和培养专业技能

国际金融专业对外语能力有较高要求,为了提高实战能力,建议学生收听收看英语节目。同时,根据对建设银行、农业银行、中国人寿、新世纪期货等金融机构的分析,重点培养学生的市场调研技能、点钞技能、基础的柜台交易技能、外汇交易实操技能、证券交易技能、家庭理财规划技能等。这些基本在大二阶段完成。

(3)挖掘核心技能

爱因斯坦说:“当你把学校教给你的所有东西都忘记之后,剩下来的就是教育。”对于高职院校而言,剩下来的教育就是除专业知识外,学生学会的解决困难的信心和办法,以及谋生的最基本技能,可以称之为核心技能。金融企业管理者对学生能力的期待主要体现在学习能力和沟通能力两个方面。强调学习能力是因为金融行业知识更新的速度非常快,如果没有很强的自学能力,难以跟上企业前进的步伐。强调沟通能力是因为无论是在企业内部与领导和同事的相处,还是与客户的接洽,沟通能力都至关重要。

(三)社会技能

1. 社会技能的含义

在西方,美国心理学家瑞吉欧认为完整的社会技能应是一个包含社会信息的接收、解释和传递等技能在内的多维结构体,这些基本技能从功能上分为表达、感受和控制三类,并且在非言语的(或称为情感的)沟通与言语的(或称为社会的)沟通两个层面进行操作。

随着时代发展和青年成长需求,社会技能也称社会交往技能,是个体介入、适应、发展、协调和处置社会关系的本领，也是个人影响和操纵他人的一种本领。每一个人都生活在某种社会关系之中，个人的生存与发展离不开他与周围人们的关系，社会技能对个人的生活质量、工作效率乃至心理健康都有重要的价值。

2. 社会技能的基本构成因素

(1)自信

一个人成就的大小往往取决于他自信心的大小。自信是人的意志和力量的体现，是社会技能最重要的素质和前提之一。

(2)认知能力

与社会技能相关的认知能力主要是指掌握和运用社会关系的个性心理特征，是个体对社会关系的状态、价值等的识别、掌握和操控能力。一是对社会关系及他人社会技能表现的理解、研究、学习、分析的能力；二是对社会关系及社会交往过程的影响、改变、操纵的能力。

(3)回馈与强化

回馈是指个体对他人的好意、善举等通过言语、表情、体态行为等所给予的积极回答，社会交往是一个情感和行为的互动过程。

(4)非言语交流技能

社会技能方面的非言语技能主要由以下几个部分所组成：恰当的体姿仪态；生动的面部表情，喜欢笑；高水平的凝视；主动、自然、亲切地接近他人；声调的抑扬顿挫；开放式的手势。

(5)言语交流技能

交谈是个体社会表现和社会技能的基础部分，言语交流是一种说的行为，目的是要在他人身上产生某种预期的效果。其突出地表现在问候寒暄、自我介绍、开发话题、使用敬语、内容选择、情感呼应、三思后言、适度幽默等方面。

(6)同理心与合作

同理心是理解他人心境、分享他人观点和设身处地为他人着想的能力。不仅表现在对别人情感、心境的认知、同情，更能表现出设身处地为他人着想的心情，表现为

"推己及人""己所不欲，勿施于人"的良好品质。合作是个体社会活动成败的关键，合作意味着个体不仅要顾及自己的目标，同时要顾及他人的目标，社会生活需要更多的合作。

3. 社会技能对个体发展的重要意义

随着经济科技的快速发展，对个体各方面素质的要求也越来越高标准，由于人生活在社会的大环境和复杂的社会关系网当中，社会技能对个体发展尤为重要，有着很大的价值意义。

(1)影响个体的社会支持

人是社会关系的产物，社会关系则是人类生存发展的基础，每个人的生存和发展都在某种社会关系中进行，在整个社会大集体中成长必定与社会支持有着贴切的关系。个体可以通过运用良好的社会技能而获取社会支持，有利于收到他人对于自己的好感、肯定与鼓励，还可以进一步获得内心精神世界的助推力，更好地促进个体的协调发展。

(2)影响个体的身心健康

良好的社会技能可以帮助个体建立发展人际关系，并得以巩固与他人的关系，往往具备比较好的社会交往技能的个体更倾向于得到他人对自己的积极表扬与鼓舞肯定，从而提升自我价值的内在体验，提高个体的生活品质和促进身心健康发展。

(3)影响个体的工作效率

无论个体从事哪方面的工作或活动，或多或少都会受到社会技能的影响。而事实上，个体有着较强的社会技能，可大大促进自己与他人之间的和睦相处，比较容易获得他人持久的社会支持，以便获得更佳的成绩，从而获得更多的自信心，激发自己的创新力，大大提高工作效率。

4. 社会技能培养的基本原则

(1)以操作技能为主的原则

社会技能的培养要以操作技能的形成为最终价值取向，而不应以社会知识的掌握为最终价值取向，也不应停留在心智技能上。社会技能主要针对具体社会情景中特定的人和环境，重在学习、了解自身、他人、社会环境的目的、要求，处理微观社会关系，具有很强的情景性特征。同时，社会技能的学习是互动的、双向的，我们要学习了解的自身、他人、环境都是具体而易变的，我们了解他人、适应他人的过程往往取决于他人对于我们的反应，在学习过程中，学习对象作用于学习者，对学习主体有实质性影响。

(2)在情境中培养的原则

社会技能具有一定的情境性特征，必须在一定的社会情境中形成，也应当在适当的社会情境中体现。社会情境多种多样且复杂多变，这为社会技能的形成提供了更多元的机会。此外，社会情境是客观的，它是检验个体社会技能水平高低的标准，只有在现实的社会情景中，个体社会技能水平的高低才能得到检验，也才会得到不断的修正和提高。

(3)效能、道德相统一的原则

社会技能既要以利益最大化为原则，使个体受益，又要采取被他人认可、被社会认可的方式，不损害他人和社会利益。社会技能培养之所以要坚持效能、道德相统一的原则，主要是因为社会技能既具有效用性，又具有道德性。在坚持社会技能提高的同时，更要注重不断地提高自身的道德水平，加强自身道德建设。

5. 如何掌握必备的社会技能

学生参加院校组织和安排的校外见习活动，积累较为丰富的社会实践经验，这恰恰是当前高职学生培养的重点目标，也是在校学生在步入社会前完成角色转换的必经途径。高职院校的社会实践活动要切实可行，从社会需要出发，从院校的实际情况出发，结合专业特色为高职学生量身定做具体的实践方案。

首先，可以制订校企合作计划来安排学生的专业实习。学校可以引进契合本校专业的企业创办实训基地，合资开办培训项目，也可将学生送入有专业特色的企业进行见习，有利于理论和实践的结合，为学生实践经验的积攒和社会技能的提升打下坚实的基础。其次，引导学生社团组织有意义的假期实践活动，形式多样化，例如实践小分队下乡、边远山区支教等，学生从中积累经验，锻炼自己，为以后的就业做准备。此外，鼓励和支持学生在校期间的自主创业，为学生提供勤工俭学机会，或组织学生参加社区志愿者活动，所有这些都可弥补课堂知识的缺陷，从一定程度上提升其社会技能。

三、养成良好的劳动习惯

习近平指出："中华民族伟大复兴绝不是轻轻松松、敲锣打鼓就能实现的。"时代新人要有适应新时代发展要求的足够能力，才能应对好实现中华民族伟大复兴路上的各种挑战和风险考验。习近平指出："通过各种措施和方式，教育引导广大青少年牢固树立热爱劳动的思想、牢固养成热爱劳动的习惯。"大学生作为劳动后备军更应通过劳动，产生热爱劳动的情感，更加热爱劳动，为中国梦的实现贡献青春力量。

(一)在校园生活中养成良好的劳动习惯

1. 劳动精神和劳动品质养成

(1)通过阅读经典著作，培养劳动精神的理论思维

"原汁原味"读经典著作，大学生应从理论知识中了解"劳动"和"劳动精神"，在知其然的基础上，又知其所以然，注重马克思主义经典著作的理论高度和思维深度；同时，强化习近平新时代中国特色社会主义劳动思想的学习，深入了解新时代劳动精神的时代特征，体会新时代劳动精神的继承与发展，从而不断深化对劳动精神的认识。

(2)通过学习榜样模范，培养积极优秀的劳动品格

榜样的力量是无穷的、无形的。提及劳动精神，从"铁人"王进喜到"两弹一星之父"钱学森，无一不体现着爱劳动、敢创新、精益求精的劳模精神，在新的历史时期，劳动精神有着丰富的内涵。大学生应积极参加学校的劳动精神、劳模精神、工匠精神专题教育，结合劳动模范进校园、大国工匠系列影视资料观看、名师工作室参观等活动，体会劳动创造美好生活，体认劳动不分贵贱，热爱劳动，尊重普通劳动者，养成勤俭、奋斗、创新、奉献的劳动品格。

(3)通过营造劳动文化，形成涵养丰厚的劳动素养

文化的熏陶是一种隐性、渗透性教育，能够对身处其中的人产生情感培养和道德塑造作用。大学生通过亲身投入劳动文化的营造和建设，可以深刻感悟劳动的奋斗之美、规则之美、理想之美，养成热爱劳动的情感和意志，涵养道德意识，塑造道德人格。通过编辑以劳动为主题的书籍、报刊，设计宣传劳动模范与精神的海报、展板、网页，以文本和图像直观展现劳动的魅力；在公共空间摆放劳模雕塑、建设劳动博物馆

和劳动长廊，通过再现劳模风采、还原劳动场景来塑造育人场域；打造劳动文化创意产品，将劳动宣传标语、劳模人物头像等元素融入日常用品的设计之中，使大学生们时刻感受到劳动文化的熏陶，从而逐渐形成丰厚的劳动素养。

2. 社区文明中的劳动习惯养成

(1)培养良好的作息习惯

人是习惯形成的生物，我们通过生物周期律来保持那些习惯。我们体内不同的生物钟与大脑的主时钟之间的沟通帮助调节了我们自然的睡眠和觉醒周期。良好的作息习惯会让一个人充满能量和精神，从而可以以最佳状态投入到学习、工作和生产中。而目前很大一部分大学生习惯熬夜、生物钟紊乱，白天没精打采、晚上精神抖擞，学习失去动力、生活没有方向，从良好的作息习惯开始调整对于获得一个有意义的大学生活来说是必不可少的。有一句话说："熬夜是因为没有勇气结束这一天，赖床是因为没有激情开始这一天。"其实，你慢慢地会发现，早起的人，不仅精神更加饱满，整个人看起来更加积极阳光，身心也都十分健康。早起，让你活得更从容更健康。早起，你便不用着急忙慌地穿衣服赶着时间出门，也不用因为上课快迟到而吃不上早餐，坚持早起，就不用这么慌张，可以淡定从容地整理仪容，可以坐下来静静地享受早餐，甚至可以有时间去做点运动锻炼身体。而午间小憩可以让人精力充沛，短暂的午睡可以提高下午的记忆力、改善下午学习工作的心情、提高人体免疫力、降低心脑血管疾病的发生率。大学生要循序渐进调整作息习惯，慢慢找到最适合自己的时间规律和节奏。

(2)培养良好的卫生习惯

宿舍是大学生度过大部分生活时间的场所，空间相对较小，所以应当勤开窗通风，保持室内空气清新。定期做宿舍内的大扫除，着重注意卫生死角。天气逐渐转暖，雨季到来，雨伞的使用和收纳也有一定的讲究，要勤做水渍的清理，避免滋生细菌。点外卖是大学生的生活常态，为保持良好的卫生，要做到不在床上吃东西，吃完的外卖及时地处理掉，吃完味道较大的食物后要及时开窗通风。床铺的清理也是非常重要的，我们要定期晾晒被褥，换洗被单枕套。疫情态势依旧不稳定的状态之下，作为大学生更应该注重良好卫生习惯的养成。做好个人防护，出门佩戴口罩，勤洗手保持个人卫生。用过的口罩也要及时处理，垃圾不能堆放太久。保持良好的个人卫生才能够面对更加美好的生活。

(3)培养良好的生态习惯

大学生应当树立“绿水青山就是金山银山”、人与自然和谐共生的生态劳动理念，摒弃人定胜天的观念。大学生在日常生活中应坚持勤俭节约，助力“光盘行动”、坚持“垃圾分类”等行为，减少不必要的消费，反对铺张浪费的消费理念，用实际行动维护生态环境，实现绿色生活方式。

3.课堂学习中的劳动品质养成

通过对劳动理论的学习，逐步掌握关于劳动的科学理论知识，把握人类劳动的实践发展规律，树立热爱劳动、崇尚劳动、尊重劳动的意识。大学生要深刻理解劳动的本质，明白劳动实践的意义，获得关于劳动的真知。学习马克思主义劳动观特别是中国特色社会主义关于劳动的思想，以习近平总书记关于劳动思想的重要论述为根本遵循，系统学习对劳动的认知、态度、精神、信念等方面的内容，掌握基本的劳动理论知识，深化对劳动的理解，形成创新劳动的思维，对劳动从感性认识上升为理性认识，内化为自己的劳动态度体系，并且积极投身到劳动实践中，从而达到劳动观培养知行合一的目的。

通过专题讨论开展研究性学习，将理论生活化、具体化、现实化。大学生要在系统性、理论性学习的同时，开展研究性、讨论性学习，选择既符合时代发展特点又能启迪大学生劳动观的论题开展研究性学习，例如：“马克思主义劳动理论的时代适用性”“劳动托起中国梦”“劳动与大学生的全面发展”“劳动与和谐社会建设”等论题，采用分组讨论、辩论、演讲等形式提高劳动理论学习的积极性和主动性。

通过与专业教育结合的途径，积极主动培养自我劳动价值观、塑造劳动品格。依托专业课程的劳动观培养资源，拓宽专业学习视角，多角度提升劳动意识，以劳模精神和工匠精神为榜样，提升自我的专业和劳动素养。例如：在人文社会科学领域，可以将中国传统的劳动美德教育融入其中，大学生通过欣赏和讲解古代劳动人民的伟大创造和艰辛付出，了解历史并明确新时代实现中华民族伟大复兴所肩负的责任；通过了解毛泽东早年对湖南农民进行的调研，费孝通所做的田野研究等事例，大学生能够了解社会科学的研究方法，能够认识到社会科学的学习不仅包含抽象的脑力劳动，也包括探索性的综合劳动形式。在自然科学领域，钱学森、邓稼先、袁隆平等一大批劳动模范的劳动精神是最好的融入专业教育的素材，大学生通过对劳动精神的学习，不仅能够掌握本专业的学习方法，也能切实受到劳模的精神感染，有助于大学生形成敬业、奋斗、创新和奉献的劳动精神。挖掘现实中大学生用专业知识服务社会的劳动观培养资源，具有更强的针对性，可以起到更好的教育效果。如医学专业开展劳动观培养可以结合新冠肺炎疫情防疫工作，将坚守和奋战在抗疫一线的医护人员的奉献和敬业精神融入课堂教学之中，将舍小家顾大家的责任担当精神融入专业教育之中。在艺术教育领域，将劳动创造美的理念渗透到专业教育过程之中，大学生通过对劳动创造美的学习，能够更好地理解艺术的审美标准，从而更好地创作出符合美的标准的作品，而不是将一些怪异的行为和作品当作美，甚至出现审丑的现象。

4. 校园活动中的劳动习惯养成

(1)加强体育锻炼

毛泽东认为："近人有言曰：文明其精神，野蛮其体魄。此言是也。欲文明其精神，先自野蛮其体魄；苟野蛮其体魄矣，则文明之精神随之。"民族强有赖于个体的精神强大，其基础是身体的强健。毛泽东本人求学期间就在进行各项体育锻炼，风浴、雨浴、雪浴、冷水浴、登山、露营、游泳，同时还发明了"六段运动"体操。作为新时代大学生需要通过加强体育锻炼，在锻炼中感受生命力力量的迸发、锻炼筋骨的韧性、锤炼意志的坚定。

(2)参与校园美化

大学生们要积极参与清理校园、美化校园、修缮校园的活动，通过主动组织校园打扫、种树、擦玻璃、清洁宣传物品、带走教室垃圾等活动，提升自我主人翁意识、公共服务意识以及主动作为的奉献精神。

(3)组织劳育活动

大学生们要积极自主举办劳动精神征文活动、大学生劳动技能大赛、"寻找最美劳动者"、"劳模大讲堂"、"大国工匠进校园"等活动，通过这些活动近距离接触劳动模范、大国工匠，聆听他们的故事，观摩他们高超的技艺，进而零距离感受和领悟他们身上体现出的劳动精神。

(4)劳动角色扮演

大学生可以在校园内开展当一天的保安、一天的保洁员、一天的食堂阿姨等体验活动。在真切的劳动角色体验中，体会劳动者的不易、劳动者的光荣、劳动者的伟大、劳动者的美丽，从而为自己未来的职业塑造优秀的劳动品质。

(5)制定专属劳动日历

大学生可以依托植树节、五一劳动节、学雷锋活动月、农民丰收节、志愿者日等节日,制定自己独特专属的劳动体验日历,在树林、在田间、在花园感受劳动的快乐,享受大自然的馈赠,体悟自己的生命力量,进而形成自己的劳动价值观和劳动精神。

通过形式丰富的劳动项目,同学们能够经由实实在在的劳动参与,接受劳动、感受劳动、体验辛苦,品味取得理想劳动效果所需的坚持与付出,同时增强体力、智力和创造力,领会“幸福是奋斗出来的”的内涵与意义,形成诚实守信、吃苦耐劳的品质,珍惜劳动成果,养成良好的消费习惯,继承中华民族勤俭节约、敬业奉献的优良传统,弘扬开拓创新、砥砺奋进的时代精神。

(二)在实习实训中养成良好的劳动习惯

实习实训是高等学校专业教育实践教学环节中的重要组成部分,其内容包括专业实习、专业实训、专业实验等内容,是高校依托不同的教学环境,结合专业知识对大学生进行的有组织、有计划的实践性教学活动。实习实训可以帮助大学生深入理解课堂所学理论知识,激发大学生创新意识的形成,提升大学生的劳动素养,增加大学生的就业竞争力。大学生实习实训是为了检验理论知识,增强动手实践能力及发现问题的能力,是适应未来职业的一种劳动实践形式,是高校劳动实践教育的主要形式之一。实习实训过程可以增进大学生对生产劳动的认识,有助于培养未来高素质劳动者,为提高整个社会的劳动生产率,实现民族复兴梦打下坚实基础。

1. 感受企业文化,学习劳动模范

先进模范人物,爱岗敬业、锐意创新、勇于担当、无私奉献,在平凡的岗位上创造了不平凡的业绩,用干劲、闯劲、钻劲鼓舞更多的人,激励广大劳动群众争做新时代的奋斗者。学习劳模精神,有助于树立终身学习的理念,养成善于学习、勤于思考的习惯,学以养德、学以增智、学以致用,增强创新意识、培养创新思维,展示锐意创新的勇气、敢为人先的锐气、蓬勃向上的朝气,适应新一轮科技革命和产业变革的需要,密切关注行业、产业前沿知识和技术进展,勤学苦练、深入钻研,不断提高技术技能水平,当好主人翁,建功新时代。在实习实训中,大学生要主动积极地感受企业文化,向所在行业的劳动模范、先进个人认真学习,学习他们的劳动态度、工作精神、做事方法;学习他们如何用自己勤劳的双手去创造美好的生活;学习专家前辈的工匠精神和精益求精的优秀劳动品质。

2. 积极主动劳动，做到眼里有活

积极主动地参加劳动，是指以积极的态度接受劳动任务，全身心投入劳动，并不断发现和设计劳动任务。李开复曾给大学生写了封题名“做个积极主动的你”的信，信中他专门提到：只有积极主动的人才能在瞬息万变的竞争环境中赢得成功。积极主动地参与劳动，能够在付出体力和汗水的同时，提高劳动技能，磨炼自己的意志，还能感受到劳动带来的获得感和成就感；而不情愿地、被动地劳动，劳动任务完成的质量和效率得不到保证，而且在整个劳动过程中也感觉受煎熬。在实习实训中，大学生要积极主动地承担劳动任务，无论是做过还是没做过的，都要欣然接受，同时对于不会的工作要虚心请教。实习实训本身就是一个学习积累经验、提升职业能力的过程。同时，及时完成被安排的劳动任务，不拖延、不敷衍。给自己设定完成期限和完成标准，充分利用劳动时间，合理分解劳动任务，及时付诸行动，高效开展劳动。

3. 诚信踏实劳动，遵守劳动规范

诚信是公民道德的基本规范，在劳动中，诚信是指严格遵守劳动规则、职业要求和生产规范，努力追求高质量的产品和服务。劳动中的诚信主要体现在三个层面：对劳动过程中所涉及的他人、团体和组织讲诚信。如在服务劳动中，要对自己服务的客户实话实说，言而有信。在劳动过程中讲诚信，包括在劳动材料的使用、操作工序的遵守和操作技能的掌握等方面，杜绝偷工减料、欺诈失信行为。对劳动成果讲诚信，注重质量，反对假冒伪劣、窃取他人劳动成果等不诚信行为。作为大学生要在实习实训中，在日常的生活劳动中，讲诚信、遵守劳动规则，要做到自己的事情自己做，且要保质保量地完成任务。在生产劳动中，诚信劳动体现为严守规范、认真踏实、一丝不苟、精益求精的工匠精神。具体来说，就是始终保持严谨认真的劳动态度，杜绝投机取巧的行为。在劳动过程中，从业者对每件产品、每道工序都凝神聚力、精益求精。把恪守诚信落实到具体的劳动中，敢于对劳动负责，做好分内事的同时积极承担集体任务，面对失误和问题，诚实面对、知错能改，并寻找补救方法。

4. 创造性开展劳动，追求卓越创新

党的十九大报告中提出“建设知识型、技能型和创新型劳动者大军，弘扬劳模精神和工匠精神”。新时代“工匠精神”的基本内涵，主要包括爱岗敬业的职业精神、精益求精的品质精神、协作共进的团队精神和追求卓越的创新精神四个方面。随着社会生产力的提高，新型劳动形式不断涌现，生产劳动的内涵不断丰富。在日新月异的

人工智能时代，社会对劳动者的需求具有显著的时代特征，“要求劳动者不仅具备专业技术能力，同时具备复合素质”，如创新精神和创新能力。在实习实训的过程中，大学生可以通过生产劳动认识到劳动的价值，体会价值是凝结在商品中的一般人类劳动，懂得珍惜劳动成果。大学生也要认识到新的劳动知识、新的劳动方法和新的劳动技术在生产劳动中的重要性，懂得创新劳动的重要性。新时代的大学生要在实习实训的过程中，以问题为导向，不断运用新思维、新方法创造性地解决实际问题，培育创新劳动的精神和意识。要处处留心去捕捉技术创新的灵感，坚持学习并应用所学知识解决实际工作问题，培养敬畏职业、追求突破、实现创新的工匠精神。

（三）在社会实践中养成良好的劳动习惯

大学生社会实践是在校大学生利用课余时间，步入社会与社会接触，提高个人能力，发挥自己的聪明才智，对社会做出贡献的活动。社会实践过程是对思想和理论的验证、运用和发展，是劳动认知形成的重要环节。大学生劳动观中存在问题很大一部分原因是脱离社会实践，缺乏实践知识和社会责任感，不能认识到个人与国家的发展都有赖于辛勤的劳动。大学生主动参与劳动实践不仅是树立正确劳动观的重要环节，更是大学生培育劳动精神的必要途径。大学生只有积极主动参与劳动实践，才能一点一滴地将劳动内化为服务人民、奉献社会的力量，才能将不稳定的力量转化为比较稳定的个人品质，才能将劳动精神外化于行。大学生可以通过参与各类志愿服务活动、农耕文化体验、寒暑假社会实践项目、红色文化感知感悟以及校内外兼职等途径来逐渐养成自己的劳动习惯。

1. 在志愿服务中体认劳动的光荣

志愿服务是一种特殊的社会实践形式，也是一种劳动实践，是为促进社会进步而自愿付出个人的时间及精力所做的不求回报的服务工作，是为社会和他人贡献自己的力量。在志愿服务过程中，大学生可以更好地理解劳动的社会性，劳动不仅可以帮助他人，也可以使自己获得精神上的满足，从而理解劳动是人的第一需要。作为大学生要积极参与校外志愿服务、公益劳动，培养敬业奉献精神、团结互助精神、为人民服务的精神。通过“精准帮扶类”“社区公益类”“会议服务类”“论坛服务类”“赛事服务类”等多种多样的公益行动，弘扬“奉献、友爱、互助、进步”的志愿服务精神，践行社会主义核心价值观，运用所学专业知识承担急难险重任务，面对重大疫情和突发事件时主动奉献，培养大学生的公共服务意识，将人民幸福与社会发展与志愿服务精神相结合，唤醒社会责任感与幸福感。2021 年河南暴雨突然降临，在抗洪救灾的关键时期，浙江金融职业学院一群在校退伍大学生迎着冷雨，不惧风险逆行而上，成为美丽的“逆行者”。危难之时，他们力所能及参与救援，到达河南后，赶往新乡最严重的受灾地进行了救援。他们修筑堤坝，扛沙袋，驾驶冲锋舟解救被困群众，分发物资，安抚被救人员的情绪，大大小小的事情，步伐从未停下。在这样的救援行动中，作为在校退伍大学生，他们用实际行动展现了青年的责任与担当，也更加感受到了幸福生活的来之不易，感受到了践行劳动的重要性。

2. 在农耕文化中体认劳动的美丽

人与自然的和谐之美伴随着人的本质力量的升华，又逐渐从人与自然的关系不断扩大到人与人、人与社会的关系。在农业生产中，春种、夏长、秋收、冬藏，遵循的是自然法则和依据“二十四节气”开展农耕生产的节奏和规律。这种农事节律又影响和决定着劳动人民的生活节奏，一些节气与民间文化相融合，演变成为固定的生活习俗。作为大学生可以积极参与农耕文化的学习与实践，来体会农耕劳动中蕴含的和谐之美、创造之美。走进灌溉工程现场，走进农具博物馆、农耕文化博物馆、农耕文化园，去感受在当时不具备科学测绘仪器的条件下，华夏先民在生产生活中对自然规律所形成的系统化认识，去感悟他们的创新创造能力和智慧，提升学生对我国传统农耕文化的了解程度，培养大学生的劳动创造精神。浙江金融职业学院的同学们可以定期参与“金院幸福农场”的耕种活动，亲手撒下种子、深入观察植物的生长过程、品尝成熟果实，在实践中养成优秀劳动美德。

3. 在寒暑假实践中体认劳动的价值

大学生社会实践活动引导学生走出校门、接触社会、了解国情，是提高思想觉悟、增强服务社会意识，促进大学生健康成长的有效途径。社会实践活动有助于大学生更新观念，树立正确的世界观、人生观、价值观，有利于大学生对理论知识的转化和拓展，增强运用知识解决实际问题的能力，是劳动素养培养和提升的有效途径。大学生可以通过寒暑假的社会实践活动来体认劳动与实践的价值，在实践中不断动手、动脑、动嘴，直接和社会各阶层、各部门的人员打交道，培养和锻炼实际的工作能力，并且在工作中发现不足，及时改进和提高，使自己更新知识结构，获取新的知识信息，以适应社会的需要。坚持学习书本知识与投身社会实践的统一，走理论与实践相结合的道路，历来是青年锻炼成长的有效途径。社会实践是知识创新的源泉，是检验真理的标准。大学生要想在毕业之后得到更好的工作，那么就要努力实践，通过实践来提高自身的技能，增强自身的综合素养，提高自身的团队合作能力，从而推动自身的全方位进步。浙江金融职业学院每年寒暑假都会开展丰富多样的社会实践，既有支教服务、公益劳动，又有金融知识下乡、专项金融调研、新农村规划建设等专业相关的实践活动，为大学生劳动实践提供了场所保障，全力支持大学生主动参加在自己能力范围内的一些新型服务性劳动，真正形成了共同支持学生参加社会志愿服务、开展公益劳动的强大合力。

4. 在红色文化中体认劳动的意义

延安时期，中国共产党坚持教育与生产劳动相结合，通过大生产运动、劳动竞赛等形式，树立了“自力更生，艰苦奋斗”“自己动手，丰衣足食”的劳动观，培育了崇尚劳动的标志性精神——南泥湾精神。作为新时代的大学生要积极接受红色文化的熏陶，主动参与红色实践之旅，感受红色文化的同时切身体会劳动的力量，加强红色文化信念和勤于劳动的观念，从而树立正确的人生观、价值观。大学生可以在老师的指导下组建红色文化实践团队，负责红色文化传播与理论研究，建设校园红色文化教育基地，充分发挥环境载体支撑红色文化教育的价值功能。同时结合红色教育实践活动，充分依托红色革命圣地开展红色研学活动，激励学生怀着不畏艰难、实事求是、勇于奉献的“长征精神”投身于中国特色社会主义伟大事业。浙江金融职业学院的党员师生每年都前往井冈山等革命根据地，参观革命英雄故居、参与井冈山英烈祭奠仪式，聆听红色经典故事，更有走进农户体验军民鱼水情以及重走挑粮小道的真实体验，在一系列丰富多彩的红色文化活动中，同学们深刻体会到了井冈山精神的本质精髓，在传承红色基因、感恩革命先辈的同时，身体力行践行劳动教育，切实感受信仰的力量、担当的精神。

5. 在校内外兼职中体认劳动的快乐

大学期间，为了丰富自己的课余生活和锻炼自己的社会实践能力，进行兼职是一个不错的选择，这是为自己进入职场所做的前期准备和适应工作。简单却不平凡的工作，锻炼的不仅是个人的工作能力，更能提升自己对自身发展进行思考的能力。大学生在校不光要学习专业知识，同时也要掌握一定的就业和工作技巧，这样在毕业找工作时才不至于手忙脚乱，才能更得心应手。而我们在校内外进行兼职的时候，可以拓展自身知识面，扩大与社会的接触面，增强个人在社会竞争中的经验，锻炼和提高自己的能力，使自己能够在今后的生活和工作中很好地处理问题，同时也可以充实我们的大学生活。我们可以把每一次的兼职都当作是一次人生的体验，这样会让我们明白基层人员的不容易，学会珍惜现在的生活，珍惜父母的给予，珍惜自己获得的薪酬。

职业教育 1+X 证书制度

1+X 证书制度构建的一个重要前提是，需要充分认识这一制度的角色与功能定位，即“1”和“X”如何各自与协同发挥育人和育才的作用，尤其是其中的“协同”作用。

(一)学历证书:夯实学生可持续发展的基础

《国家职业教育改革实施方案》中对学历证书的功能定位是“夯实学生可持续发展的基础”。这里有两个关键词:一是“可持续发展”。它的提出是响应产业转型升级与职业领域纷繁复杂的变化这一现实的。对于任何一个从业个体而言，暂时的知识与技能学习并不能作为其职业生涯发展的终身保证。在技术革新速度不断加快、职业形态与内容不断发生变革、产业之间与工种之间的界限不断模糊的情况下，任何一个从业人员都需要通过不断的学习、摸索、研究来适应乃至引领工作领域的新发展。所以，“可持续发展”是未来产业从业人员需要具备的基本素质。“核心素养”是课程领域针对学生可持续发展所提出的最新理念。学历教育的一个基本目标是促进学生形成应具备的、能够适应终身发展和社会发展需要的必备品格和关键能力。二是“夯实基础”。这表明学历教育的基本使命是让学生具备可持续发展的可能性，即学生接受 3～5 年的学历职业教育后，具备文化基础、社会参与、自主发展的基本意识和能力，这些能力需要在工作岗位上继续锻炼，以形成促进个体生涯发展的持续动力。综上所述，“学历证书”的功能定位是要证明学生具备为未来发展做准备的基本能力，学历教育的首要目的也是要奠定学生的文化基础，培养其自我发展的能力以及参与社会发展的意识。具体到实践层面，则包括制定和实施个人生涯发展路径、辨识自我的职业角色、形成良好的职业道德、具备人际关系处理能力等。

(二)职业技能等级证书:拓展就业本领与促进生涯发展

相对于“职业资格证书”而言，“职业技能等级证书”更加强调职业发展与技能形成的过程性。毕竟，“资格”两字只是个体进入某一职业领域的最基本要求，而“等级”则暗含了个人在职业生涯发展过程中的动态变化，更具有“生涯”的意味。所以，职业技能等级证书的基本功能可以定位在静态和动态两个层面:静态层面的功能是为个体进入职业领域提供多种可能与多元机会；动态层面的功能是为个体在某一职业领域内提供未来职业生涯发展的通道。职业技能等级证书发挥鉴定功能的基础是具有一套完备的评价体系，包括评价工具的设计、评价时间与地点的选择、评价内容的选择、评价主体的遴选等一系列内容。1+X证书制度的试点，使得职业技能等级的鉴定也可以由有资质的学历教育机构实施，这就为传统的职业资格鉴定模式带来了新的变革，包括：评价方式可以由终结性评价延伸为“过程性评价+终结性评价”；评价工具可以包括观察量表、试卷、成果评价量表等；评价地点可以是校内公共实训基地，或者是企业培训基地或真实工作场所；评价内容也可以与职业标准、专业教学标准、课程标准等无缝衔接；企业专家、一线教师等都可以作为职业技能等级鉴定的主体；鉴定的次数也可以更灵活，鉴定的过程也可以更方便等。当然，人社部门原有的职业技能等级证书授予体系也必然继续发挥不可替代的作用。

这里有必要对两类证书的功能定位进行一个比较。首先，二者具有一些共同点，例如，二者鉴定的标准均是职业标准，且二者都提供技能等级鉴别的服务。其次，二者具有一些不同点：①教育部门的职业技能等级证书应该凸显其教育性和生涯发展的特点，尤其是凸显其服务中高职衔接、中本贯通等现代职业教育体系构建的功能；②两种职业技能等级证书的开发过程有一定区别，教育部门的职业技能等级证书的开发要考虑学校授课的形式、学历教育的周期、学校教育过程等因素；③教育部门的职业技能等级证书的另一个重要角色是指导学校的教学工作，例如，专业教学标准的研制、课程标准的开发乃至教材的编制等；④教育部门的职业技能等级证书的实施要与职业院校的教学工作挂钩，凸显职业院校在组织和资源上的优势；⑤教育部门的职业技能等级证书是以专业为载体，而人社部门的证书则是以职业为载体，一个专业涉及的职业技能等级证书可能对应多个人社部门的证书，同一名称的两类证书在内涵上可能不同。最后，人社部门的证书与教育部门的证书应该发挥协同作用。一方面，《国家职业教育改革实施方案》中明确规定两种证书“具有同等效力，持有证书人员享有同等待遇”；另一方面，两种证书应保持一定的竞争共存关系，因为《国家职业教育改革实施方案》中也提出“院校内培训可面向社会人群，院校外培训也可面向在校生”，这样就在无形中为两种证书营造了一种“竞争关系”。行业偏向于哪一种证书、就业个体认为哪一种证书更有学习价值，直接决定了某类证书的社会价值和流行度。在这种竞争环境下，两类证书的授予单位和主管部门就更有动力去完善证书的内涵与授予机制，从而促进职业技能等级鉴定市场的不断完善。需要指出的是，由于两个部门的证书所依托的对象不同（一个是专业，一个是职业)，那么这两类证书实际上可以形成某种互补的效果。以专业为载体的证书比较适合初入领域的个体获得，而以职业为载体的证书则比较适合在岗位工作多年的、有明确工作方向的人获得。

(三)学历证书与职业技能等级证书协同的效果

1+X证书制度的特色在于“1”与“X”之间的协同配合。当“1”与“X”在组织、资源、时空、制度等宏观和中观层面实现整合后，两者协同的重心就应该是微观层面的整合，也就是如何在课程与教学层面实现整合。这里我们应该尝试检讨目前现行的“模块堆积式”的能力培养与课程体系设计思维，考虑转向“同心圆式”的能力培养与课程体系设计思维。所谓“模块堆积式”的思维，指的是能力的培养是从公共能力到专项能力的堆积过程。在这一思维指导下的课程体系就是目前广泛采用的“公共课→专业基础课→专业核心课程→专业方向课→专业实训课”的课程设计模式。它的问题在于“专业能力”“方法能力”“社会能力”的培养是割裂的，无法找到一个有效的载体实现三者之间的整合。而“同心圆式”的思维强调能力的培养是核心素养(关键能力)到专项能力的交叉延伸过程。核心素养(关键能力)的培养为职业领域专项能力的形成提供了基础，而专项能力的形成又反过来促进核心素养(关键能力)的巩固和内容丰富。当我们以“核心”“关键”等词形容职业能力时，不能忽视一个基本前提，那就是职业能力体现在真实工作任务完成的细节。核心素养(关键能力)与专业能力的形成是齐头并进、相互交融和促进的。在这一思维指导下的课程体系应该是“矩阵式的课程体系”，即由核心素养与职业领域(工作任务)交叉形成的课程体系模式。在这样的课程体系模式下，学历教育能够真正成为促进职业能力发展的基础，可持续发展能力能够真正为职业生涯的发展服务，学历证书能够真正与职业技能等级证书形成合力。

(资料来源：李政.职业教育1+X证书制度：背景、定位与试点策略——《国家职业教育改革实施方案》解读[J].职教通讯，2019(03)：30-35.)

思考与讨论

1.你是如何解读党的二十大报告中提出的“在全社会弘扬劳动精神、奋斗精神、奉献精神、创造精神”的？

2.结合所学专业，你觉得应该培养哪些劳动技能？

3.大学阶段你将参加哪些社会实践以提升自身劳动素养？

主题实践活动

1. 主题实践活动 1（表 2-2）

表 2-2　主题实践活动 1

采访你身边的劳动模范、匠心人才		
姓名	行业职务	所获荣誉等
他身上的闪光点		
他所具备的劳动技能		
代表性的成长经历		
你的学习和收获		

2. 主题实践活动2(表2-3)

表2-3　主题实践活动2

设计一个创造性团队劳动项目	
劳动内容	
参与人员	
劳动目标	
团队成员分工及个人优势	
项目的创造性和亮点设计	
预期成效	
评价反馈及改进措施	

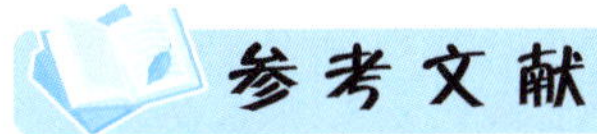

参考文献

[1]徐国庆.劳动教育[M].2版.北京:高等教育出版社,2021.

[2]王亚鑫.大学生劳动精神培养研究[D].天津工业大学,2020.

[3]关晶.职业教育现代学徒制的比较与借鉴[M].长沙:湖南大学出版社,2016.

[4][美]理查德·桑内特.匠人[M].李继宏,译.上海:上海译文出版社,2015.

[5]马克思,恩格斯.马克思恩格斯选集(第3卷)[M].中共中央编译局马克思恩格斯列宁斯大林著作编译部.北京:人民出版社,2012.

[6]李克强.政府工作报告[N].人民日报,2016-03-06.

[7]习近平.在同全国劳动模范代表座谈时的讲话[N].人民日报,2018-4-28.

[8]夔彩虹.新时代弘扬劳模精神的价值与途径研究[D].江西师范大学,2019.

[9]教育部思想政治工作司.加强和改进大学生思想政治教育重要文献选编(1978—2008)[M].北京:中国人民大学出版社,2008.

[10]马克思.资本论(第1卷)[M].北京:人民出版社,2004.

[11]习近平.决胜全面建成小康社会,夺取新时代中国特色社会主义伟大胜利[N].人民日报,2017-10-19.

[12]欧阳育良,袁勤勤,覃才尧.专家视野下高职学生生活技能评价量表的编制[J].高教探索,2017(12).

[13]谢海燕.中等职业技术学校学生生活技能训练研究[D].云南师范大学,2004.

[14]中华人民共和国国务院.国务院关于印发国家职业教育改革实施方案的通知[Z].国发(2019)4号,2019-01-24.

[15]秦启文.试论社会技能的价值与结构[J].西南师范大学学报(人文社会科学版),2002,5(28).

[16]任苗苗.新时代大学生劳动精神培育路径研究[D].西安理工大学,2021.

[17]杜德省.体面劳动理论及其当代中国实践研究[D].华东师范大学,2017.

[18]刘潼.新时代大学生劳动精神培育探究[D].吉林建筑大学,2021.

[19]张可心.新时代大学生劳动精神培育研究[D].长沙理工大学,2020.

[20]钟飞燕.新时代学校劳动教育研究[D].吉林大学,2021.

[21]刘长生,王杰.劳动教育推进大学生志愿服务的现状与路径[J].高校辅导员学刊,2021,13(06)

[22]马志霞，黄朝霞.新时代大学生劳动教育的价值意蕴、核心内容及实践策略[J].中国大学教学，2021(10)

[23]刘雨昊，王文.新时代高校推进劳动教育的价值意蕴、现实困境及进路[J].高教论坛，2021(12)：104-107.

模块三

尊重劳动

“尊重劳动”是中国共产党治国理政的一项重大方针，是马克思主义“劳动创造一切”观点的延伸与发展。2002年11月党的十六大报告第一次系统提出“尊重劳动是基础和根本”。劳动是人类最基本和最重要的社会实践，劳动创造了世界，甚至创造了人类本身，它是人类社会生存和发展的根本前提。“尊重知识、尊重人才、尊重创造”是尊重劳动的必然要求，尤其是现代社会劳动的必然要求。《中共中央关于加强党的执政能力建设的决定》指出：“全面贯彻尊重劳动、尊重知识、尊重人才、尊重创造的方针，不断增强全社会的创造活力。”这对引领社会风尚的主流价值导向，进一步领导和团结全国各族人民，调动一切积极因素，全面建设小康社会，构建社会主义和谐社会，具有极为重大的意义。党的二十大报告强调，提高全社会文明程度，要实施公民道德建设工程，弘扬中华传统美德，加强家庭家教家风建设，加强和改进未成年人思想道德建设，推动明大德、守公德、严私德，提高人民道德水准和文明素养。统筹推动文明培育、文明实践、文明创建，推进城乡精神文明建设融合发展，在全社会弘扬劳动精神、奋斗精神、奉献精神、创造精神、勤俭节约精神，培育时代新风新貌。

劳动意味着智力与体力的付出产生了新的价值，因此我们要学会欣赏劳动成果，珍惜劳动成果，尊重劳动过程，善于保存和利用劳动成果，这也是劳动素养的重要组成部分。本模块主要从“职业无好坏之分”“劳动无贵贱之别”“劳动应持有的态度”三个方面着手，通过梳理职业及劳动内涵、劳动形式、劳动态度等内容知识，引导新时代高职院校学生结合实际生活、学习、工作中的经验及身边案例，认识社会分工与职业分类，树立职业平等观念；理解劳动的差异性，树立劳动无贵贱之别的观念，认识到任何类别的劳动都应当受到尊重；从而形成正确的劳动态度，要依法履约、吃苦耐劳、诚实守信、勤俭节约、创新创造，在劳动中认清自己的角色，不折不扣地履行自己的职责，追求高质量的劳动成果，勇于承担劳动责任，并运用于实践，尊重劳动，乐于劳动。

学习目标

1. 掌握职业与劳动的主要内涵、意义。
2. 结合实例认识社会劳动分工与职业分类内容。
3. 结合专业学习与生活实际理解职业平等观、劳动平等观。
4. 理解并践行新时代劳动应持有的态度。

导入案例

滑行上菜的万大鹏

2006 年,由于家境贫困,高中未毕业的万大鹏不得不辍学,从老家来到北京打工。因为学历低,又无任何特长,一直找不到工作。某次,他去超市应聘,因为穿着土气,竟被保安当成小偷抓了起来。大鹏的自信心受到了很大的打击,在他心灰意冷之时,一个老乡帮他在餐厅里找了份工作。一听说要去饭店当服务员,大鹏有些不情愿,但此时他已经身无分文,为了糊口,只能勉强答应。果然,干了一个星期之后,厨师长劈头骂道:"你连端盘子这么个小事都做不好,还能干什么?赶快滚回老家吧!"厨师长的话激怒了血气方刚的大鹏,一向不服输的他暗自发誓:好,我就干出成绩来给你们瞧瞧!从此,大鹏就踏踏实实地端起了盘子,渐渐地,他发现,端盘子也不是件容易的事,报菜名、与顾客交流、向客人推荐新菜式等都是非常讲究技巧的,为此,他主动牺牲休息的时间来背菜名,练习各种待客表情,很快,他的服务态度就博得了经理和顾客的一致好评。

不久,饭店新推出了"铁板系列"的特色菜。这种菜,光盛菜的铁板就有 40 多斤重,需要一名有力气而且稳重的服务员来负责,经理就把这个任务交给了他。端铁板很考验人的体力和耐力,第一天,十几趟铁板端下来,大鹏累得腰酸背痛,两只手臂软得跟面条似的。晚上,躺在床上,大鹏陷入了沉思。他在脑海里琢磨:平时端铁板都是将铁板平放在胸口,不仅姿势不好看,人也容易累着,而且速度也不快,等端上餐桌时,早已没有了那种"噼里啪啦"、烟雾缭绕的效果,有什么办法可以改变一下呢?经过反复的观察和思考,大鹏终于想到了一个办法,那就是像轮滑运动员一样从厨房滑到顾客的餐桌前,这样,不仅上菜速度快,也不用费太大的力,姿势也优雅多了。办法想到了,大鹏就开始在下班后偷偷地练习,效果还不错。上班的时候,大鹏也有意地揣摩滑行技巧,因为技术还不是很娴熟,他也闯出了不少祸。

有一次，因为重心不稳，铁板斜了，油水溅到了顾客的名牌外套上，他不得不从自己微薄的工资中掏钱把顾客的外套送去干洗。为此，经理没少批评他，还罚他写检讨，可大鹏却不气馁，他坚信，只要自己努力去做，一定会成功。功夫不负有心人！终于，有一天，当大鹏端着滚烫的铁板，在一个漂亮滑行动作的俯冲下，帅气地在客人餐桌前定格时，全场的顾客都惊呆了，情不自禁地为他鼓起掌来。后来，他又在滑行过程中增加了倒滑、旋转等花式动作，使得整套滑行过程看起来更加完美和精彩。渐渐地，大鹏这一独特的“滑行上菜”成了餐厅一道亮丽的风景线，很多人慕名前来餐厅吃饭，餐厅的顾客比以前增加了几倍，许多顾客看完大鹏的表演后，纷纷竖起了大拇指，说就像享受了一道美妙的“精神大餐”。一天，电视台的工作人员来餐厅吃饭，看见大鹏的表演后惊讶不已，当即决定给他做一期节目。节目在黄金时间播出后，收到了观众的强烈反响，大鹏的名气也更大了。如今，大鹏已成为餐厅的“金字招牌”，他的工资也逐渐上涨，大鹏还收了十几个徒弟，专门教授他们端盘子的绝活。

在这个世界上，职业并没有高低贵贱之分，只要你真心付出，并努力去做，你就能得到别人的尊重。哪怕只是餐厅里一个服务员，只要你把它做到了极致，这就是成功。

（资料来源：《青春岁月》2010 年第 15 期）

人类和劳动密不可分，人类离不开劳动，劳动是人的本质。劳动是人类永恒的话题，是人类社会存在必需的活动。通过劳动，人类创造了大量的物质财富和精神财富，在推动社会发展的同时，人本身也不断得到完善和发展。“新时代是奋斗者的时代”“幸福都是奋斗出来的”，习近平总书记曾如是勉励大家。今天，我们之所以再次强调弘扬劳动精神、尊重劳动，因为劳动是幸福生活的源泉，劳动是民族复兴的基石。年轻的大学生们要认识到劳动面前人人平等，任何对劳动的歧视都将引发社会矛盾和冲突，造成社会不公现象，也会阻碍生产力的发展。本模块将通过职业无好坏之分、劳动无贵贱之别的内涵学习，帮助同学们树立职业平等观念，理解劳动的差异性，树立劳动无贵贱之别的观念，并形成依法履约、吃苦耐劳、诚实守信、勤俭节约、创新创造的正确劳动态度。

一、职业无好坏之分

职业是具有一定社会特征的社会工作类别，它是一种或一组特定工作的统称。

我们以往经常使用“工种”“岗位”等概念，实质上就是将职业按不同需要或要求进行的具体划分。人们生活在社会中，总要担任一项工作，从事一种职业，但不论从事何种职业，都只是社会的需要，分工的不同。我们不能将职位高低、收入多寡、工作轻松与否当作衡量人才的唯一标准，因为在任何一个岗位上，每一个人都有可能创造出非凡的成就来。人类社会中，职业没有好坏之分，只要劳动者真心付出，努力去做，就能得到别人的尊重，就是成功。

(一)职业的定义

关于什么是职业，《辞海》从词义学的角度分析，职业一词是由“职”和“业”构成的。“职”包含社会职责、天职、权利和义务；“业”包含从事业务、事业、事情、独特性工作。美国传统字典里“occupation”一词的解释是“An activity that serves as one’s regular source of livelihood”，即用于成为某个人正常生活来源的一项活动。人口普查时将职业定义为在业人口本人所从事的具体工作的种类。不同的研究者从自己的研究角度出发，对职业提出了多种定义。

美国社会学家泰勒在其名著《职业社会学》一书中指出：“职业的社会学概念，可以解释为一套成为模式的、与特殊工作经验有关的人群关系。这种成为模式的工作关系的整合，促进了职业结构的发展和职业意识形态的显现。”

日本劳动问题专家保谷六郎认为，职业是有劳动能力的人为了生活所得而发挥个人能力，向社会做贡献的连续活动。他对职业的特性分析有五点：第一，经济性，即从中取得收入；第二，技术性，即可发挥个人才能和专长；第三，社会性，即要承担社会的生产任务(社会分工)，履行公民义务；第四，伦理性，即符合社会需要，为社会提供有用的服务；第五，连续性，即所从事的劳动相对稳定，是非中断的。

美国著名教育家、实用主义哲学家杜威认为，职业是人们“从中可以得到利益的一种生活活动”。

杨河清认为：所谓职业是指人们从事的相对稳定的、有收入的、专门类别的工作。

潘锦棠认为：职业是劳动者能够稳定从事的有酬工作，是劳动者足够稳定地从事某项有酬工作而获得的劳动角色。

刘艾玉认为：“职业是劳动者为了生活所得而发挥个人能力，在社会分工体系中从事的相对稳定的、有报酬的、专门类别的工作以及由此获得的一种特定的劳动角色。”

程社明把职业定义为：“参与社会分工，利用专门知识、技能为社会创造物质财富、精神财富，获取合理报酬作为物质生活来源，并满足精神需求的工作。”他强调职业中个人与社会、知识技能与创造、创造与报酬、工作与生活的关系。通过职业的发展历史，我们可以看出，职业并不是在人类社会开始就存在的，而是随着生产力水平的提高，社会发展到一定阶段才产生的。职业的产生是与分工密切相关的，其关键是一些劳动相对固定下来由一些人去完成，即一些劳动行为固定下来，由固定的劳动者去完成。同时，劳动的目的不是为了自己的使用而生产产品，劳动者所需要的产品也由其他人来提供，这个过程是通过交换来实现的。这是职业区别于其他劳动的一个重要含义。此外，随着分工的发展，劳动不仅仅是局限于生产领域的物质生产劳动，分工也不仅仅是局限于物质生产领域内部的生产分工，也包括非生产领域的公共管理职能、精神文化工作、科学教育、社会服务等非物质生产领域的劳动与分工。基于此分析，并综合各位学者的研究成果，本文将职业定义为：职业是劳动者从事的有报酬的固定的社会分工。

（二）职业的分类

职业分类客观地反映国家经济、社会和科技等领域的发展和变化，在某种程度上也反映一个阶段的社会管理水平，是在一定的规则、标准及方法的基础上，按照职业的性质和特点对其进行系统的划分与归类，是对社会分工的细化，各类职业无好坏之分。职业分类信息的应用领域非常广泛，比如劳动力市场分析、人力资源管理、职业健康与安全分析、工资分析、教育规划等，是国家实现宏观管理的一个必要基础。因此，对职业分类的研究极其必要且重要。我国正处于职业结构剧烈变化的过程中，社会环境的变化导致组织结构的变化，组织结构重组、裁员等不断出现，这也导致了职业结构的不断改变：新的服务型职业和高新技术职业不断涌现，传统的职业的属性也不断发生着变化。

就职业分类而言，国际上较为通用的是联合国国际劳工组织制定的《国际标准职业分类（2008）》（International Standard Classification of Occupations，ISCO-08）。图 3-1 展示了关于厨师的描述及其类别，可见，厨师的工作内容涉及了厨艺以外的统筹、计划、管理、卫生等多方面事宜，这一职业属于职业大类中的第 5 类：服务与销售人员，由此我们可以看出厨师绝非世俗偏见中的“烧饭的伙计”。

行业是社会分工的大类，了解行业能让个人更好地了解职业世界。高职院校大学生在给自己进行职业定位时，我们大致的顺序是：行业—职业—企业—岗位，所以了解“行业”的概念和分类是十分必要的。我国现行对行业的解释是：一个行业（或产业）是指从事相同性质的经济活动的所有单位的集合。这更多的是从经济学角度提出的概念。我国于 2017 年第四次修订了国民经济行业划分标准，主要目的是使其能正确反映国民经济各行业的结构和发展状况，便于研究国民经济的各项比例关系。目前，我国国民经济行业划分为 20 个门类、97 个大类。

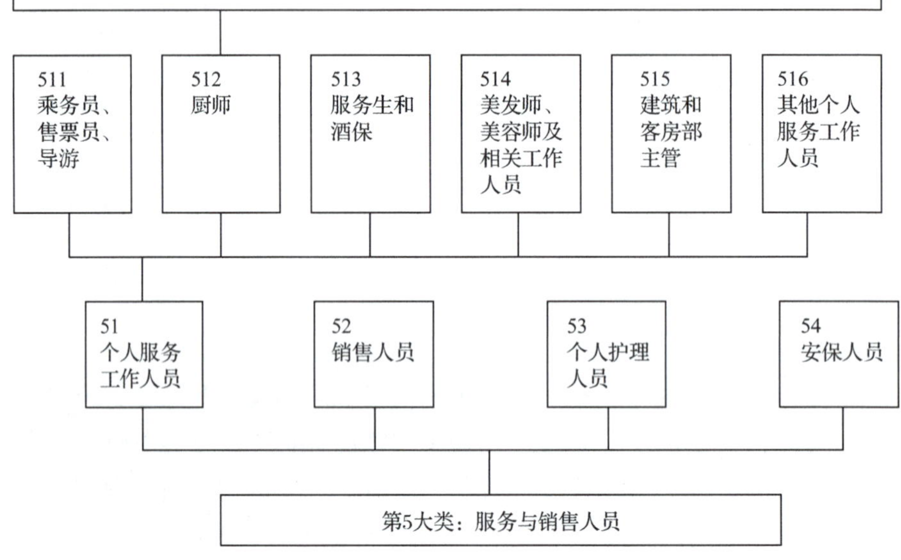

图 3-1　厨师的描述及其类别

从工作特点上划分，可分为事务性、社会服务性、文教性、科研性、艺术及创造性、计算及数学性、自然界性、户外性、管理性、一般服务性职业等十多种类型的职业。

我国曾于 1999 年颁布了第一部《中华人民共和国职业分类大典》。国家职业标准是在国家职业分类的基础上，根据职业的活动内容，对从业人员工作能力的规范性要求，也是衡量劳动者从业资格和能力的重要尺度。了解职业标准对我们认识职业准入要求、认识自身与该职业要求的距离有很大的帮助。此后每年国家都会根据我国的社会经济发展公布一些新兴的职业及职业标准。进入 21 世纪以来，随着经济社会发展、科技进步和产业结构调整升级，我国的社会职业构成和内涵发生了很大变化。一是一些传统职业开始衰落甚至消失，如“餐具清洗保管员”“唱片工”“拷贝字幕员”等。二是一些新的职业不断涌现并迅速发展，如“信息通信信息化系统管理员”“基金发行员”“期货交易员”“光伏组件制造工”等。三是还有一些职业为适应形势开始调整和转化，如“光盘复制工”“市话测量员”“话务员”等职业由于社会发展和科技进步等，相应调整和转化为“音像制品复制工”“信息通信网络测量员”“呼叫中心服务员”。2005 年后连续 3 年，我国对 1999 版《中华人民共和国职业分类大典》进行了增补，但仍无法准确客观地反映当前职业领域的变化，相关部门、行业组织、劳动者对此反映强烈。针对这一情况，2010 年底，人社部会同国家质检总局、国家统计局牵头成立了国家职业分类大典修订工作委员会，启动修订工作，历时五年，七易其稿，形成新版《中华人民共和国职业分类大典》。

随着社会的发展，中国的职业结构也发生了很大的变化。2015版《中华人民共和国职业分类大典》结合我国在社会转型时期的社会分工特点及社会与经济发展现状，进一步完善了中国的职业分类，延续之前1999版《中华人民共和国职业分类大典》中职业分类的大类、中类、小类和细类结构，细类是最基本的类别，即职业。调整后的职业分类结构为8个大类、75个中类、434个小类、1481个职业。与1999版相比，维持8个大类不变，增加9个中类、21个小类，减少547个职业（新增347个职业，取消894个职业）。新增职业包括“网络与信息安全管理员”“快递员”“文化经纪人”“动车组制修师”“风电机组制造工”等。取消职业包括“收购员”“平炉炼钢工”“凸版和凹版制版工”等。

2021年，人力资源和社会保障部正式启动对2015年版《中华人民共和国职业分类大典》的修订工作，发布了《中华人民共和国职业分类大典（2015年版）》颁布以来发布的第四批新职业信息，调整变更了“社区事务员”等有关职业工种信息，发布18个新职业信息：集成电路工程技术人员、企业合规师、公司金融顾问、易货师、二手车经纪人、汽车救援员、调饮师、食品安全管理师、服务机器人应用技术员、电子数据取证分析师、职业培训师、密码技术应用员、建筑幕墙设计师、碳排放管理员、管廊运维员、酒体设计师、智能硬件装调员、工业视觉系统运维员。

国家修订《职业分类大典》旨在让其成为反映经济社会发展状况的“晴雨表”，引领产业转型、升级发展的“风向标”，规范人力资源开发管理的“标准尺”。

（三）树立职业平等观

正确看待职业分类，深入了解职业内涵，有助于我们树立朴实平等的职业观，找准职业定位，做好自己的职业生涯规划。一个人职业生涯中最重要的一步就是规划好自己的职业方向，焕发积极的职业态度，从而达到人生的职业巅峰，持续成为职场中的一棵常青树。相反，在工作中偷懒耍滑、投机取巧、麻木不仁、眼高手低、吹毛求疵等消极被动的不良心态，会影响一个人未来的职业前途。一旦被消极的态度包围，并深深陷入其中无法自拔，这样的人生将日益萎靡，陷入低谷。

世间低廉的东西之所以低廉，人人都买得起，是因为得之比较容易；昂贵的东西价钱高，并不是它原本高贵，仅仅是因为得之较不容易而已。这些事实在告诉我们一个简单的道理：供求决定价格，但价格本身无关乎它是高贵还是低贱。如果认为自己的劳动价值低（工资低）就是卑贱的，那就大错特错了。人类因为知识、思想、职业、家庭背景、所处社会阶段等各不相同，做事的方法和看问题的角度也会不同，个人的观念和对职业贵贱的看法也不尽相同。明朝冯惟敏在《玉抱肚·赠赵今燕》中写道:“琵琶轻扫动人怜,须信行行出状元。”“行行出状元”比喻不论干哪一行,只要热爱本职工作,都能做出优异的成绩,职业没有贵贱之分。环卫工人、纺织工人、饭店服务员、主持人、动物园饲养员、建筑工人、教师、邮递员、艺术家、厨师、公务员、银行客户经理等,都应该受到同样的尊重,每种职业的存在都源于社会的需要。职业无好坏,分工无界限。《羊城晚报》曾发表了一篇题为“对环卫工的尊重要落到实处”的文章,其中就特别提到时传祥纪念馆。为一名淘粪工建纪念馆,这在全球都绝无仅有。固然环卫工身上的一些“职业印记”令很多人择业时对其“敬”而远之,但实则他们同你我一样,都是这个社会不断前进不可或缺的个体。

读大学是接受高等教育,可以得到更全面锻炼自己综合能力的机会,但绝不意味着鲤鱼跃龙门,从此身价百倍。据不完全统计,“近年来,每年几乎都有一百万的毕业生面临找不到工作的窘境。”这样的新闻时见报端,给万千学子增加了不少心理压力。所以,当代的大学生更应该正确认识职业无好坏之分,不论从事哪种职业,都需要培养自己良好的职业习惯和态度。

对中国人来说,大学生做风里来、雨里去的快递员,曾经是那么不可思议,快递员这个职业似乎与温室中培养出来的娇嫩的大学生挂不上钩。杭州日报报业集团《都市快报》有一篇整版的采访,题目是“为什么本科生大专生相继去端盘子洗脚”。采访中发现,不少大学生开始在服务行业就业,包括在餐厅做服务员,在足浴按摩院做按摩师或足浴工,在商店做营业员,与家政中介机构签约做月嫂和保姆。雇用他们的经理普遍认为,大学生的悟性、接受新事物的能力、反应能力等方面,都比一般服务生要出色。当然,目前大多数大学生选择此类工作是短期现象,一有其他合适的工作机会,他们就会立马离开,所以企业对他们也没有长期培养的打算。虽说“三百六十行,行行出状元”,但大学生为什么不甘心端盘子、洗脚?不愿在平凡、普通的职业岗位上磨炼自己、完善自己、提升自己,从而最终实现自己的人生价值呢?究其原因,应该至少可以从两个层面来分析这个问题:观念上和心智上。

传统职业观念影响大学生的择业。上大学的目的究竟是什么——就是要出人头地。据调查采访,很多大学生毕业后做了基层工作者,例如有的人做了服务员,连自己的父母都会以调侃的口吻,有意无意间叫他“服务生”,使他感到心理压力很大。中国人的传统价值观是以“官本位”为轴心的,现如今毕业季“公务员热”“村官热”“社区工作者热”是普遍现象,进入公务员系统或者事业单位成了很多大学生的梦。正是因为人们在“职业分好坏”的怪圈里挣脱不开,很多大学生尤其是名校毕业的大学生,普遍不愿离开大城市到小城市、县城或乡镇去工作,从而加剧了现有社会发展的不平衡,资源越来越往中心城市集中。

大学生心智不够成熟，对现实社会缺乏应有的认识和准备。在他们心目中，大学应该是美好未来的代名词，考试、分数就是决定自己命运的密匙，免不了在毕业就业时不知何为“职业无好坏”，不知何为“正确择业”，难免人云亦云了。还有些人因不懂得如何“正确择业”，找不到心仪的下家，竟然干脆不就业，心安理得地做起了“啃老族”，或者打着考研的幌子得过且过。他们一旦进入社会，通常会面临巨大的心理落差，偶尔也会引发各类心理疾病。

竺可桢任浙江大学校长时，曾郑重指出：“大学教育的目标，绝不仅仅是造就多少专家，如工程师医生之类，而尤在乎培养公忠坚毅，能担当大任，主持风气、转移国运的领导人才。”他口中的大学教育其实是我们通常说的精英教育，是为社会提供领袖人才的，不是普及性的一般教育。我们的大学已进入大众教育阶段，大学是以培养普通公民为主要目标的。精英也好，领袖人才也好，都只是大学的副产品，即使各领域的多数精英、领袖人才从大学生中产生，也不是教育刻意培养的结果。从高等教育大众化的趋势而言，大学生在就业观念上起码就要落地，以避免期望值过高，造成严重的心理落差。说到底，一个人最终是否能找到最适合自己的职业角色，实现较高的社会价值，并不取决于你出身哪个行业。工作本身没有好坏之分，所有正当合法的工作都是值得尊敬的，只要你诚实地劳动和创造，没有人能够贬低你的价值，关键在于你如何看待自己的工作。很多人认为自己所从事的工作是低人一等的，他们埋头于工作中，却无法认识其价值，认为自己只是迫于生活的压力而不得不从事这份工作；他们轻视自己所从事的工作，自然无法投入全部身心；他们在工作中敷衍塞责、得过且过，而将大部分心思用在如何摆脱现在的工作环境上了，这样的人在任何地方都很难有所作为。

也许你的工作看起来并不高雅，工作环境也不尽如人意，努力成果一时得不到社会的承认，但请不要忽视这样一个事实：有用才是伟大的真正尺度。在很多年轻人眼中，公务员、事业单位或大公司白领才称得上是“有面子”，其中一些人甚至愿意等待漫长的时间谋求一个公务员或是事业单位的“铁饭碗”。但是，在同样的时间里，他完全可以通过自身的努力在现实的工作中找到自己的位置，发现自己的价值。那些看不起自己的工作的人，往往是一些被动适应生活的人，他们不愿意奋力崛起，努力改善自己的生存环境；他们总是固执地认为自己在某些方面更有优势，会有更广泛的前途，但事实上真是这样吗？看不起自己的工作的人，往往倍感工作艰辛、烦闷，自然也不会做好工作，更无从谈起收获骄人的成就。

职业真的无好坏之分，有别的只是人们对待它们的态度。每一件事都值得我们去做，既然做了就应该用心地去做，而且应该做好。你在工作中所持的态度，使你与周围的人区别开来，这种不同会带领你慢慢靠近你的人生目标。千万不要因为轻视自己的工作进而消极地工作，工作是否单调乏味，往往取决于我们做它时的心境。行为本身并不能说明自身的性质，而是取决于我们行动时的精神状态。人们看待问题的方法是有局限的，我们必须从内部去观察才能看到事物真正的本质。因此，每个人都必须、应该从工作本身去理解工作，将它看作是人生的权利和荣耀，不要小看自己做的每一件事，即便是最普通的事，也应该全力以赴、尽职尽责地去完成。做人要先有自重而后才会受人尊重，我们认为自己的职业高贵，在别人眼里，那就一定是高贵的。反过来说，自贱而后人贱。因此，不要再用所谓的好坏来庸人自扰了，无论做什么职业，务实点，踏实点，保持合适的心态，不断努力就会成功。

二、劳动无贵贱之别

近年来，一些大学生在劳动价值取向、劳动观念、劳动意识等方面普遍存在缺失。突出表现在：一是多数学生认为自己的主要任务是学习文化知识，对劳动缺乏重视；二是很多大学生认为今后的劳动都是像打游戏一样的娱乐性工作方式，劳动不再是与“脏苦累”相关的活动；三是在一些青年学生心中还存有轻视或鄙视劳动的错误观念；四是青年学生的劳动能力和实践技能普遍薄弱。为此，我们必须切实加强青少年的劳动观念教育。劳动态度作为个体对劳动这一特定对象的总体评价和稳定性的反应倾向，一方面反映个体对于劳动的心理状态，另一方面则决定和影响着个体的劳动行为。正确的劳动态度在本模块第三部分会详细阐述。

当前，我国职业技术人才严重短缺，但高等职业院校却面临招生难的局面。有数据显示，2017 届高职高专毕业生的就业率首次超过了本科毕业生，但职业院校的生源并未随着高职毕业生就业形势好而变得“火爆”，现实情况是从 2009 年开始高等职业院校的生源持续 6 年下降。尤其是随着产业结构调整和转型升级，“用工荒”已经从技术门槛低的务工人员供给不足转变为成熟技工的缺乏，高端技术技能人才的培养和供给与产业转型升级的步伐相比已严重迟滞。伴随着产业转型升级，以智能化设备替代人工为代表的生产线升级正在前所未有地提高企业自动化生产程度，但如果高端技术技能人才供给不足，以机器人为代表的智能设备将缺乏足够的合格维护人员。造成这种现象的原因是复杂的，但落后的人才观念和文化偏见无疑是主要原因之一。在现实的人才招聘中，唯学历和唯名校的现象司空见惯，就业政策向本科、硕士、博士倾斜的现象十分普遍。“如何树立正确的劳动观念？”如果这个问题得不到根本解决，社会上普遍轻视劳动和歧视劳动者，尤其是年轻人普遍害怕吃苦，高端技术技能人才“用工荒”的现象无疑还会继续扩大。

(一)劳动的差异性与社会分工

中华民族在历史上孕育了无数能工巧匠。已出土的中国古代最重的青铜器后母戊大方鼎,反映了商朝末年宏大的铸造业、发达的青铜文化和匠人高超的铸造技术。生活于春秋战国时期的鲁班,被尊称为木匠的鼻祖,在生产劳动中发明了许多木匠手工工具,例如:曲尺、墨斗、锯子。东汉蔡伦改进的造纸术被列为中国古代四大发明之一。宋末元初的黄道婆将海南崖州的纺织技术带回松江府乌泥泾(今属上海市),通过改善纺织工具,传播棉纺织技术,促进了松江府和长三角一带纺织业的蓬勃发展。这些匠人大多为平民百姓,但都在生产劳动中进行发明创造,促进了生产力的发展,并因其社会贡献泽被后世而受人尊敬,流芳百世。不同劳动存在差别是客观事实,不同职业对从业者能力的要求也不尽相同,这与社会结构、社会分工密切相关,但劳动的差异性被人以贵贱解读则是错误的。

马克思说:“生产过程的智力同体力劳动相分离,智力变成资本支配劳动的权力,是在以机器为基础的大工业中完成的。”脑力劳动与体力劳动之间的分工是生产力发展的结果,伴随着社会出现剩余产品而出现。在生产资料私有制的社会形态里,脑力劳动常为剥削阶级以及为其服务的脑力劳动者所垄断,而体力劳动则由处于被剥削地位的体力劳动者所承担。在社会主义制度下,所有从业人员都是社会主义建设者,不过脑力劳动和体力劳动之间仍然存在着很大的差异,工人、农民、知识分子在科学文化知识水平上的明显差别是由现阶段我国社会生产力发展水平不高所决定的。随着社会生产力的提高、生产方式的改进、人民科学文化知识的普及与提高,脑力劳动和体力劳动的差别会逐渐消失。

在浩瀚的历史长河中,人类社会随着生产力的发展和社会形态的演变,历经了远古时期的自然分工和始于原始社会末期的社会分工。以中国古代社会为例,自旧石器时代晚期进入氏族公社时期后,农业、手工业和商业先后发展成为独立和专门的职业,形成了早期的社会分工。社会分工包括社会职能分工和社会劳动分工。马克思指出,“劳动的组织和划分视其所拥有的工具而各有不同,手推磨所决定的分工不同于蒸汽磨所决定的分工”“工具积聚发展了,分工也随之发展”“机械方面的每一次重大发展都使分工加剧”,并在《1857—1858 年经济学手稿》中提出“重大产品创新将带来分工和交换价值体系的内生性扩张”。

社会学先驱埃米尔·迪尔凯姆则基于功能主义从社会和谐和凝聚的角度分析社会分工,并指出存在两种社会凝聚模式,即机械凝聚和有机凝聚。机械凝聚建构于共同的信仰和怀旧情绪上,这种模式下大多数人从事着相近的职业,社会分工水平较低。有机凝聚则是人类劳动分工的高度分化和专业化所导致的人们相互依存的结果。随着社会分工的扩展，人们越发依赖他人，因为每个人都在供应链上担当着一个角色，也都需要别的行业所提供的物品和服务。这种从社会和谐与社会凝聚的角度对社会分工的探讨支持了劳动无贵贱之分及劳动只是分工不同的观点。

（二）职业、社会结构与劳动者的社会经济地位

原始社会没有现代意义的“职业”，这是由当时社会发展程度与分工程度低下决定的。但社会的运转和人类的生存活动总是需要社会中的个体承担一定类别的工作，这些工作广泛地分布于农耕、畜牧、手工业等领域，它们以世袭的方式代代延续，逐渐具有职业的特点。从经济学角度而言，职业可以被视为“个人在社会中所从事的并以其为主要生活来源的工作的种类”。而从社会学视角来看，职业又与社会结构、社会地位联系在一起。

《中华人民共和国宪法》(2018 修正)规定“中华人民共和国是工人阶级领导的、以工农联盟为基础的人民民主专政的社会主义国家。”“社会主义公有制消灭人剥削人的制度，实行各尽所能、按劳分配的原则。”职业有类别之分但无贵贱之分，职业面前人人平等是社会倡导的理念。但在现实生活中，仍然有个别人狭隘地将职业、收入与人的社会地位相等同，或者鼓吹“劳心者治人”，设想着将自己置于高高在上凌驾于他人的特殊地位。然而，人的身份和社会地位并非仅由其职业或者经济地位所决定。社会学家马克斯·韦伯认为地位是社会群体被赋予的尊敬或声望的差异。在社会主义中国，所有辛勤工作、诚实劳动的从业者都是社会主义建设者，他们所付出的劳动是无价的，他们都应享有平等的社会地位。

劳动者的经济地位并非一成不变，社会流动是客观存在的。这种社会流动被当代社会学家们定义为“个体或群体在不同的社会经济地位之间的移动”，存在垂直流动(社会经济层级之间的上下移动)和水平流动(在不同社区、城镇或区域之间的地理位移)。当前，我国正在为营造人人皆可成才的良好环境、增加一线劳动者劳动报酬等工作而努力，这些都是为了普及、树立劳动平等观而实施的积极举措。

（三）劳动的分类

劳动的分类，对于我们全面认识劳动的功能，有效地组织劳动，充分发挥劳动的社会作用，都具有不容忽视的意义。

1. 生产劳动和非生产劳动

从劳动过程的特点划分，劳动可以分为生产劳动和非生产劳动。生产劳动是指创造物质财富的劳动，是人类社会存在和发展的基础。一切物质生产部门，如工业、

农业、建筑业和运输业等部门劳动者的劳动，都是生产劳动。从事生产劳动的人并不一定都亲自动手使用生产工具直接参加生产，只要他的劳动是属于生产劳动总体的一部分，如从事劳动管理、技术管理、人事管理、工艺流程设计等，都属于生产劳动。非生产劳动，是指不创造物质财富的劳动，如教师、医生、演员的劳动，就是非生产劳动。人类最初的劳动都是生产劳动，后来随着生产力的发展和社会分工的出现，在生产劳动中逐渐分化出来非生产性劳动，并且，随着科学技术的发展和生产力水平的提高，在劳动者的构成中，非生产性的劳动者将会逐渐增多，这也是社会进步的一个重要标志。

生产劳动与非生产劳动，对于人类社会来说都是非常重要的，两者也是紧密联系在一起的。生产劳动为非生产劳动提供了存在和发展的条件，而非生产劳动又为生产劳动的发展提供了精神动力和智力支持。没有生产劳动的发展，也不可能有非生产劳动的发展。在创造物质财富和精神财富的过程中，生产劳动和非生产劳动往往是联系在一起，不可分割的。

2. 体力劳动和脑力劳动

从劳动力支出的特性来划分，劳动可以分为体力劳动和脑力劳动。体力劳动，是使用或消耗体力为主的劳动，是劳动者按照传统的经验，运用一定的生产工具，生产出具体的有使用价值的物质的活动。体力劳动是人类社会物质资料生产中劳动力消耗的基本方式，也是人类生存和发展的基本活动。体力劳动是创造物质财富的活动，但有些体力劳动并不创造物质财富，只是为社会提供服务，如从事旅行社、宾馆、商店、交通运输等劳动的工人，也是一种体力支出，所以也称为体力劳动者。脑力劳动，是使用或消耗脑力为主的劳动，是劳动者把自己的智力运用到劳动过程中，创造物质财富或精神财富的活动。脑力活动是一种复杂劳动，单凭劳动者的传统经验是无法完成的，必须有丰富的文化知识和科学技术才能进行。

3. 必要劳动和剩余劳动

从劳动的成果与劳动者的关系划分，劳动可以分为必要劳动和剩余劳动。必要劳动是劳动者为维持劳动力生产和再生产所进行的劳动。一方面，这部分劳动对劳动者个体是必要的，它使劳动者的劳动力得以恢复和再生产，得以延续和发展。另一方面，这部分劳动对整个社会来说也是必要的，它使得社会再生产能够继续下去，为人类社会提供必需的物品。劳动者为维持本人及家庭生活以外所耗费的劳动，叫剩余劳动，也就是劳动者在必要劳动之外所付出的劳动。剩余劳动是社会生产力发展的必然结果。剩余劳动增加，整个社会的物质财富就增多，社会的发展就有了物质条件，扩大再生产就有了可能，所以剩余劳动是推动社会进步的基础。剩余劳动形成的产品归根结底又用于劳动者身上。劳动者为社会提供的剩余劳动和为自己的必要劳动，两者的根本利益是一致的。剩余劳动越多，社会发展的物质基础就越雄厚，劳动者的物质生活和文化生活的提高就越有保证。

劳动还有很多种分类方式，这些分类表明，劳动是一个纵横交错的、多层次的体系。正是这个劳动体系，实现着人类劳动所担负的巨大社会功能。

（四）树立劳动平等观

马克思说，商品之所以有价值，是因为其中凝结着“无差别的人类劳动”。在这个意义上，劳动是平等的，不能说一种商品中凝结的人类劳动，比另外一种商品中凝结的人类劳动更“高贵”。无论何种形式的劳动，无论劳动者从事何种职业，只要是正当的、合乎道德和法律的，都是光荣的，没有高低贵贱之分。“三百六十行，行行出状元”，青年学生要树立劳动平等观，尊重每一份劳动，善待每一份工作。只有从心里尊重劳动、尊重自己所从事的职业，才能真正取得成功。不可否认的是，当前社会上还存在职业歧视现象，总有些人戴着“有色眼镜”看待部分职业，尤其是以体力劳动为主的职业。这种对劳动、对特定职业的歧视如得不到纠正，会影响社会的精神风貌，影响社会的和谐发展，也会在很大程度上影响青年学生的择业观。新时代正是青年学生奋发图强的大好时机，要努力摆脱社会上的种种不良职业歧视心态，敢为人先，脚踏实地，用实际行动绘制劳动光荣、职业平等的崭新画卷。

崇尚劳动即在内心深处树立劳动崇高、劳动光荣的价值观念。“劳动是人类的本质活动，劳动光荣、创造伟大是对人类文明进步规律的重要诠释。”劳动作为人类的本质活动，成就了人类历史的诞生与发展，人的行为有万般，唯有劳动最崇高。中华民族来自华夏族，夏、商、周作为构成华夏族主体的三个民族，都有崇尚劳动的传统。他们的祖先都是劳动者，都是劳动能手。夏朝的大禹是治水能手，商朝始祖契也是治水有功，周朝王族的始祖后稷是一个种植小米的能手。《诗经·大雅·生民》记载：“蓺之荏菽，荏菽旆旆。禾役穟穟，麻麦幪幪，瓜瓞唪唪”。讲的是后稷善于种植，栽种下豆子，豆子长得茂盛。禾苗长得整齐，麻麦长得一片片，瓜果长得一堆堆。作为当时的农师，后稷还负责将农业技术传授给百姓。《孟子·滕文公章句》记载：“后稷教民稼穑。树艺五谷，五谷熟而民人育。”

回顾中华人民共和国的历史，我们从“站起来”到“富起来”再到“强起来”，每一次的探索与进步，无不与亿万劳动者的辛勤劳动相联系。当今社会，更需要重视培养和践行劳动崇高和劳动光荣的价值观念。正如习近平同志在 2020 年全国劳动模范和先进工作者表彰大会上指出的那样，“大力弘扬劳模精神、劳动精神、工匠精神。‘不惰者，众善之师也。’在长期实践中，我们培育形成了爱岗敬业、争创一流、艰苦奋斗、勇于创新、淡泊名利、甘于奉献的劳模精神，崇尚劳动、热爱劳动、辛勤劳动、诚实劳动的劳动精神，执着专注、精益求精、一丝不苟、追求卓越的工匠精神。劳模精神、劳动精神、工匠精神是以爱国主义为核心的民族精神和以改革创新为核心的时代精神的生动体现，是鼓舞全党全国各族人民风雨无阻、勇敢前进的强大精神动力。”

目前，我国正在发展以先进制造业为基础的实体经济，培养和建设一支庞大的高素质技术技能型劳动者大军，显得十分必要和尤为急迫。同时应坚持劳动者一律平等，三百六十行，行行都光荣。由于受传统错误观念的影响，一些地方还程度不同地存在对一些特定行业和职业的歧视，如对城市保洁行业和部分服务行业的歧视等；还有的地方对一些特殊群体存在歧视，如对农民工的歧视等。实际上，这些特殊行业的劳动者和特殊群体往往是社会的重大贡献者。正是由于他们付出的特殊代价，社会才得以正常运转，他们才是最值得尊重的人。为此，尊重劳动者，尤其是应尊重那些被传统势力认为社会地位低下的弱势劳动者。

当前，中国经济已经从高速发展阶段发展到高质量发展阶段，供给侧结构性改革深入推进，社会分工日益精细。每一个职业都和其他职业相互依存，每一份正当合法的职业都有其存在的价值和意义。我们不要轻视每一份“不起眼”的工作，不要轻视每一个努力劳动的人，正是这一个个“不起眼”的劳动，汇集成了中国经济的滚滚洪流，直接或者间接地为我们今日的幸福生活提供了保障。2017 年，中央电视台“新春走基层”栏目报道了郑州动车段郑州东动车所一群负责维修高铁卫生间的“90 后”小伙子，他们被同事称为“淘粪男孩”。正是因为有这群不嫌脏不嫌累的“淘粪男孩”，列车上的卫生间故障才能得以及时解决，列车上的公共卫生才得以维护。再如，正因为环卫工人起早贪黑地清扫马路，马路上的垃圾才不会堆积，人们才能顺利出行，环境卫生才有了保障。因此，为构建和谐的劳动关系，人们必须树立尊重劳动、职业平等的观念。

“幸福的生活从哪里来？要靠劳动来创造！”劳动者是美丽的，奋斗者是富足的，创造者是伟大的。未来掌握在年轻的大学生手中，时代在年轻人手中。我们应当尊重劳动，认识到职业无好坏之分，劳动无贵贱之别，树立正确的劳动态度，向劳动者致敬！

三、劳动应持有的态度

态度是个体对特定对象（如人、物体、观念或者事件）所持有的稳定的心理倾向。这种心理倾向是个体主观评价的结果，并会产生有特定倾向性的行为。人们看待事物的态度是支撑我们行为的基础,因此,在劳动过程中应持有怎样的态度也会直接影响我们劳动的方式方法和取得的成果。以下将从依法履约、吃苦耐劳、诚实守信、勤俭节约、创新创造五个模块展开讨论。

(一)依法履约

依法履约是劳动者与用人单位之间建立合法劳动关系的重要保证。依法履约通过建立和签订劳动合同来实现,根据合同条款来履行双方的法定义务。《中华人民共和国劳动合同法》第十条规定:劳动者和用人单位建立劳动关系,应当订立书面劳动合同。已建立劳动关系,未同时订立书面劳动合同的,应当自用工之日起一个月内订立书面劳动合同。用人单位与劳动者在用工前订立劳动合同的,劳动关系自用工之日起建立。

劳动合同一经劳动者与用人单位协商一致订立,即是一种法律文件,具有法律效力,劳动者和用人单位都必须依照劳动合同的规定行使权利、履行义务,否则必须承担相应的法律责任。劳动合同的履行,是指劳动合同在依法订立生效之后,双方当事人按照劳动合同规定的条款,完成劳动合同规定的义务,实现劳动合同规定的权利的活动。

1. 合同履约的含义

合同履约指的是合同双方为了使合同交易能顺利进行而制订的合同履约工作计划,其中包括整个工作的计划、组织和实施以及领导、控制活动等。合同履约的对象不是单一的,而是针对合同双方而言的,只有交易双方恰当完成各自的合同义务、实现合同权利,那么合同履约才具有意义,从而促进交易目的的实现。

当双方签订合同之后,合同管理工作并没有结束,只有通过合同履约这一过程才能实现交易目的。当双方签订的合同生效,就意味着合同对签订双方都具有法律约束力,需要双方履行义务,违背义务则需要承担相应的法律责任。

2. 合同履约应当遵循的原则

各种合同的履行方法是由法律法规规定的,没有规定的则按照双方当事人协商的方法履行。

(1)亲自履行原则

亲自履行原则是由劳动本身的特点决定的,也是保证劳动关系严肃性和稳定性的需要。劳动合同是特定人之间的合同,即用人单位与劳动者之间签订的劳动合同,它必须由劳动合同明确规定的当事人来履行,劳动合同的双方当事人也有责任履行劳动合同规定的义务，不允许当事人以外的其他人代替履行。

(2)实际履行原则

实际履行原则即除了法律和劳动合同另有规定或者客观上已不能履行的以外，当事人要按照劳动合同的规定完成义务，不能用完成别的义务来代替劳动合同约定的义务。

(3)全面履行原则

全面履行原则是实际履行原则的补充和发展，即劳动合同生效后，当事人双方除按照劳动合同规定的义务履行外，还要按照劳动合同规定的时间、地点、方式，按质、按量地履行全部义务。

(4)协作履行原则

协作履行原则即劳动合同的双方当事人在履行劳动合同的过程中，有互相协作、共同完成劳动合同规定的义务，任何一方当事人在履行劳动合同遇到困难时，他方都应该在法律允许的范围内，尽力给予帮助，以便双方尽可能地全面履行劳动合同。

3. 合同履约管理的现状及不足

劳动者依法履约应当遵循亲自履行、实际履行、全面履行、协作履行四大原则，遵循以上原则对劳动者和劳动单位都具有不容忽视的保障意义。

(1)履约责任人意识的缺乏

在合同管理的前期，合同的签订往往受到合同双方的高度重视。然而，有些企业把合同的履约过程当作是生产过程，合同签订之后便束之高阁，对合同的履约不闻不问，这也是合同管理问题大多出现在履约中后期的重要原因。签订合同之后，合同分析和合同交底也要引起重视，以防合同签订和合同执行脱节，避免日后产生合同纠纷。

(2)依法履约意识的淡薄

企业双方签订合同之后，企业从业人员对合同的法律意识明显不足，不能清楚地认知合同及合同法律之间的关系，依法履约意识淡薄。企业从业人员不善于利用法律手段维护自身合法权益，例如代位权、撤销权和抗辩权的使用，使其在合同出现问题时权益受损。

(3)合同及时变更能力的缺失

合同变更在合同的履约管理过程中比较常见，但部分从业人员缺乏对合同的及时变更能力，对超出履行期限未完成任务的合同既不解除合约也不追究其违约责任，在日后的合同谈判中将自身推向不利地位。

(4)相互监督和控制力的不足

任何一个合同履约都需要各个部门的配合完成，有秩序的配合能够保证问题出现的可能性最小化。但是，由于部门的分散性，容易导致部门各自为政、缺乏交流，当合同出现问题时互相推卸责任，增加了企业解决问题的难度。

4. 加强合同履约管理的方法

合同履约需要从强化合同管理意识；健全组织和制度管理；落实责任分解制度；以人为本，加强人才培养力度；建立信息档案管理制度；完善企业评估管理制度这六个方面进行管理加强。

(1)强化合同管理意识

在合同履约管理中，合同管理的实现需要整个过程的组织配合。这就要求企业参与合同的每一个员工都具备合同管理观念，通过合同履约管理基础知识的学习，来强化合同履约管理意识。企业通过总结过去管理中的经验教训，努力营造全员重视合同管理的氛围，进而提高风险防范能力。

(2)健全组织和制度管理

企业要设立专业的合同履约人员来负责相关合同资料的收集整理，对整个合同的进度进行跟进报告，建立行文制度。在对合同履约管理制度的改进方面，力求不断完善健全，使其全面覆盖合同履约过程，为合同的顺利履行提供安全保障。在合同的履行过程中，企业不仅要协调好各部门的关系，努力实现工作的程序化和规范化，全面推进合同跟踪管理制度，加强合同履行的监管力度。还需要加强各级领导的法制观念，提高领导对权利监督工作的重视程度。

在一些企业项目管理中，具有各种交底制度，例如技术交底、安全交底和合同交底。此时，企业应着重建立合同交底制度。合同交底是由合同的管理人员将合同内部的重要部分对相关的实施部门做出解释说明，使得各部门清楚合同规定的管理程序，了解合作人的合同责任以及各层次的经济责任等，为顺利执行合同内容打下良好的基础。

(3)落实责任分解制度

在合同交底制度完善的前提下，将合同责任分解、落实到各个部门，使得各个部门明确工作范围及责任，在部门内部，将合同责任落实到个人，使得每一个成员都能够尽心尽职完成分配任务。这样形成一个有秩序的链接，一环扣一环，增强了合同实施的秩序，最终圆满完成合同。

(4)以人为本，加强人才培养力度

人才是做好合同履约管理工作的关键。企业要以人为本，加强人才培养力度，重视对人才的选拔。优秀的人才不仅具有扎实的知识储备，更有责任心和较强的学习能力，企业应选拔这样的人才来充实合同管理的队伍。除了选拔人才，企业还要重视对人才的培养，积极鼓励人员参与相关专业的培训，创造同行业相互交流的渠道，取长补短。另外，企业还要建立激励机制，明确奖罚，增强内部工作人员的竞争性，调动合同管理人员的工作积极性。

(5)建立信息档案管理制度

企业要对签订的全部合同进行分门别类，建立合同管理台账，对合同的实施进程进行跟踪管理记录，有助于工作人员可以随时掌握合同的履行情况。当合同中出现问题，可以在合同管理台账中进行意见反馈，找准问题及时解决。合同履行管理的问题多半是法律层面的问题，有较强的专业性和技术性，企业应建立信息汇报和反馈制度，对合同的双方进行有效的监控，一旦发现违约现象可以立即终止合同，减小企业风险。

(6)完善企业评估管理制度

企业在进行合同履约管理时要重视企业评估管理的重要性。企业建立评估管理的作用在于每年的年末对企业整体合同履行情况进行总体分析评估，尤其对重大合同的具体情况进行全面分析。在分析评估的过程中发现合同履行不足时，应及时采取有效的措施加以弥补。还应当对企业合同进行周期性的管理工作，以便在日后的工作中能随时找到档案记录。

企业的合同履约管理是一个全方位、科学化的管理过程，这就要求企业不仅要重视合同签订前的管理，也要注重合同签订后的管理，确保人员、部门、制度三方面的落实，构建适应市场经济的合同管理机制，才能更好地落实合同履行管理、塑造企业秩序、保持企业信誉、规避市场风险，从而实现经营目标，取得良好的经济效益。

(二)吃苦耐劳

吃苦耐劳是中华民族的传统美德,也是年轻人应具备的优良品质之一。具有能吃苦耐劳的精神,是一个人成就事业的基本条件。

1. 吃苦耐劳的含义

吃苦耐劳是指能过困苦的生活,也经得起劳累。它是一个人的基本素质和必备美德,无论是“天将降大任于是人也,必先苦其心志,劳其筋骨,饿其体肤,空乏其身,行拂乱其所为,所以动心忍性,曾益其所不能”,还是“吃得苦中苦,方为人上人”,还是“书山有路勤为径,学海无涯苦作舟”,都歌颂了吃苦耐劳的精神。现阶段,吃苦耐劳也成了各行各业招聘员工时的必要条件,是员工爱岗敬业的基础和要求。

我们要辩证地看待“苦”和“累”。俗话说:“不经历风雨,怎能见彩虹。”人生不可能事事圆满,生活之路不会只有快乐,经历苦累才能真正体味生活本意,善于苦中作乐才能达到成功彼岸!跌倒了,爬起来!这是一句最容易说的话,却是一辈子也做不好的事。这种意志就是吃苦耐劳的精神。对于“吃苦耐劳”,也许大多数人会经历“避开苦—肯吃苦—能吃苦—找苦吃”的历程。

2. 吃苦耐劳的意义

(1)吃苦耐劳是从业者的必备素质

据调查:大多数职业院校都非常重视培养学生的职业技能,因技术不过关被企业和用人单位辞退的现象越来越少,年轻人吃不了苦反而是企业和用人单位当下比较犯难的事情。吃苦耐劳在一定程度上成为顺利就业的关键。企业反映,当代大学毕业生缺乏吃苦耐劳精神的主要表现有:选择工种和岗位时挑肥拣瘦,不能服从企业安排;企业有紧急任务时不愿加班;不能与同事和睦相处、遇事总爱斤斤计较等。

(2)吃苦耐劳是磨炼超常素质的基础

实践证明,吃苦耐劳能培养从业者持之以恒、坚持到底的毅力,能形成从业者踏实稳重、不好高骛远的品质,能锻炼从业者成为自信自尊、自立自强的人,能鞭策从业者从小事做起,从自我做起,更能激励职业劳动者去钻研精益求精的技术。

(3)吃苦耐劳能够培养人们热爱生活、珍惜生活的品质

吃苦,乃是一种资本。没有经历饥肠辘辘的痛楚,你便不知道一粒米的珍贵,不

知道那些被骄阳晒黑了皮肤的劳动者的可敬。没有尝过寄人篱下的滋味，经不起一点风吹雨打，正是现实中有些年轻人的共性。家人的溺爱让他们缺少了吃苦的精神，过于安逸的生活常让他们失去克服困难的勇气。

现在各国都在尝试“吃苦教育”，年轻一代能够懂得吃苦，学会吃苦，方能珍惜生命、感恩生活。

中国自古以来就重视“吃苦教育”。《增广贤文》中曾言：“未曾清贫难成人，不经打击老天真。自古英雄出炼狱，从来富贵入凡尘。醉生梦死谁成气，拓马长枪定乾坤。挥军千里山河在，立名扬威传后人。”意指没有经历过贫穷的人，很难成为优秀的人才；没有经历过磨难的人，思想总是很天真单纯。《孟子·告子下》中道：“故天将降大任于是人也，必先苦其心志，劳其筋骨，饿其体肤，空乏其身，行拂乱其所为，所以动心忍性，曾益其所不能。”告诉我们上天要把重任降临在某人的身上，一定先要使他心意苦恼，筋骨劳累，使他忍饥挨饿，使他身处贫困之中，使他的每一行动都不如意，这样来激励他的心志，使他性情坚忍，增加他所不具备的能力，也就是我们常说的吃苦耐劳精神。

美国家长在孩子小时就让他们认识劳动的价值。美国南部一些州立学校为培养学生独立生存适应社会的能力，特别规定：学生必须不带分文，独立谋生一周方能予以毕业。条件似乎苛刻，但却使学生们获益匪浅。家长对这项活动全力支持，没有一位“拖后腿”“走后门”“搞小动作”的。美国的中学生有句口号：“要花钱自己挣。”美国青少年从小的时候开始，不管家里多富有，男孩子 12 岁以后就会给邻居或父母剪草、送报赚些零用钱，女孩子则做小保姆去赚钱。14 岁的詹妮每周六要去餐馆打工，母亲告诉她，你完全可以在家里帮妈妈干活，照样可以领取工资。但詹妮觉得在家赚自己母亲的钱不是本事，她要去外面赚钱来表示自己有自立的能力。

瑞士父母为了不让孩子成为无能之辈，从小就培养孩子自食其力的精神。譬如，对十六七岁的姑娘，初中一毕业就送到有教养的人家去当一年女佣人，上午劳动，下午上学。这样做，一方面锻炼了劳动能力，另一方面还有利于孩子学习语言，因为瑞士有讲德语的地区，也有讲法语的地区。

德国家长从不代替孩子做事情。法律还规定，孩子到 14 岁就要在家里承担一些义务，比如要替全家人擦皮鞋等。这样做，不仅是为了培养孩子的劳动能力，也有利于培养孩子的社会义务感。

日本有句名言：除了阳光和空气是大自然的赐予，其他一切都要通过劳动获得。许多日本学生在课余时间，都要去外边参加劳动挣钱，大学生中勤工俭学的非常普遍，就连有钱人家的子弟也不例外。他们靠在饭店端盘子、洗碗，在商店售货，在养老院照顾老人，做家庭教师等来挣自己的学费。

日本孩子很小的时候，父母就给他们灌输一种思想“不给别人添麻烦”。全家人外出旅行，不论多么小的孩子都要背上一个小背包。别人问为什么，父母说：“他们自己的东西，应该自己来背。”

加拿大为了培养孩子在未来社会中生存的本领，人们从很早就开始训练孩子独立生活的能力。在加拿大一个记者家中，两个上小学的孩子每天早上要去给各家各户送报纸。看着孩子们兴致勃勃地分发报纸，那位当记者的父亲感到很自豪：“分这么多报纸不容易，很早就起床，无论刮风下雨都要去送，可孩子们从来都没有耽误过。”

3. 吃苦耐劳的基本要求

人只有选择吃苦，主动适应社会的多变性，通过学习来改变自己的未来，才会拥有真正优于他人的能力。一般来说，能吃苦耐劳的人，满足以下三点要求。

(1)懂得思考，有独立解决问题的能力

人要懂得去思考，去分析问题并去解决问题。在现实生活中，总有很多或大或小的问题会困扰一个人，让他愁眉苦脸，苦不堪言，自然他所表露的情绪是消极的。此时的你，不妨思考一下，将生活给予你的压力化为动力，逼出隐藏在你身体内的潜能，去独立解决问题，自然你的能力就会有很大程度的提升。

如果说，一个人连解决问题的能力都缺乏的话，等于说他缺乏吃苦耐劳的能力。生活本身就是一个不断负重的过程，你只有选择去承受，你所处的局势才不会很被动。所以说，人不要害怕吃苦，苦吃多了，后面就是甜了。

(2)懂得坚持，有耐心

能够吃苦耐劳的人，往往有足够的耐心。当下的社会很浮躁，尤其是要一个人坚持做一件事的时候，往往会产生倦怠的心理，索性就会选择性的放弃。坦白说，当你放弃一样东西时，也意味着会失去，甚至是竹篮打水一场空。只有那些能够真正坚持下来的人，才会有收获。当我们步入社会后，总有很多事物来诱惑一个人，让他放弃了勤快，聪慧，能力，随之而来的是懒惰、心思狭隘，而这些则会阻碍一个人的成长，让他的人生止步于此。当你选择坚持下去，并能忍受生活给你带来的各式各样的麻烦、挫折，能够扛住生活中所有的压力，那么这些压力也能够化为你成长的动力。

(3)为人乐观，心态好

吃苦耐劳的人的最大的能力是心态好，有人说微笑可以治愈人的一切，而好的心

态可以决定一个人未来的人生高度。一个能够吃苦的人，不仅是生活中的强者，也有乐观的心态去解决层出不穷的问题。在我们的生活中，有的人面对挫折时会抱怨、焦虑；而有的人会积极地面对一切。前者的行为是消极的，而后者的行为是积极的。两种不同的心态，就可以决定他的幸与不幸。虽然苦不好吃，但是吃多了，不仅是甜，还会给你的人生添加美好的风景，让你的将来有不期而遇的温暖和希望。

（三）诚实守信

诚实守信是为人之本、从业之要。做人是否诚实守信，是一个人品德修养状况和人格高尚的表现，也是能否赢得别人尊重和友善的重要前提条件之一。

1. 诚实守信的含义

诚实，即忠诚老实，就是忠于事物的本来面貌，不隐瞒自己的真实思想，不掩饰自己的真实感情，不说谎，不作假，不为不可告人的目的而欺瞒别人。守信，就是讲信用，讲信誉，信守承诺，忠实于自己承担的义务，答应了别人的事一定要去做。忠诚地履行自己承担的义务是每一个现代公民应有的职业品质。对人以诚信，人不欺我；对事以诚信，事无不成。

“诚实守信”是中华民族传统美德的一个重要规范，也是革命传统道德的一个重要内容。随着时代的不断发展和变化，“诚实守信”也不断被赋予体现时代精神的新内涵。

在先秦，所谓“诚”主要是指“诚实”、“真诚”和“忠诚”，要心里想的和实际做的一致，这也就是古人所说的“诚于中，形于外”，就是要“勿自欺”“勿欺人”。所谓“信”主要是“真实”、“诚实”和“信守诺言”，强调一个人要“言必信”，要“言而有信”等。后来，思想家们往往把“诚”和“信”相互通用。东汉的许慎在他所著的《说文解字》中说，“诚，信也”，又说“信，诚也”。由此可见，“诚”和“信”，不论是单独使用还是相连使用，在古代，表示的大体是同一个意思。孔子作为著名的教育家，他认为，在社会生活中，“信”是一个人的立身之本，如果没有诚信，也就失去了做人的基本条件。他把“信”列为对学生进行教育的“四大科目”（文、行、忠、信）和“五大规范”（恭、宽、信、敏、惠）之一，强调要“言而有信”，认为只有“信”，才能得到他人“信任”（“信则人任焉”）。孔子说：“人而无信，不知其可也。大车无輗（牛车车辕与轭相连接的木销子），小车无軏（马车车辕与轭相连接的木销子），其何以行之哉！”这就是说，一个人，如果失去“信”，就像车子没有輗和軏一样，是一步也不能行走的。孔子在谈到统治者怎样才能得到老百姓信任时说：“民无信不立。”如果一个国家对老百姓不讲诚信，就必然得不到老百姓的支持；只有对老百姓讲诚信，才能够树立起自己的“威信”。

古人认为，在为人处事中，“谨而信”（谨慎和诚信）、“敬事而信”是最基本的。《谷梁传・僖公二十二年》中记载：“人之所以为人者，言也。人而不能言，何以为人？言之所以为言者，信也。言而不信，何以为言？”孟子把社会中人和人之间的基本道德规范，概括为五个原则，即《孟子》中所说的“父子有亲，君臣有义，夫妇有别，长幼有序，朋友有信”，孟子认为“信”是基本道德规范之一。先秦以后的思想家们，都把“诚”和“信”作为立身处世的基本道德要求。宋明道学家们，给“诚”赋予了更重要的地位。周敦颐把“诚”提到“五常之本，百行之源”的高度；朱熹说：“诚者，真实无妄之谓。”陆象山则强调“忠信”，认为“忠者何？不欺之谓也；信者何？不妄之谓也”，“人而不忠信，何以异于禽兽者乎”。从上述这些思想家的言论可以看到，在中国古代传统道德中，“诚信”占有很重要的地位。

2. 诚实守信的具体要求

(1)诚实劳动

中国人的勤奋是为世人所称道和公认的，这是中国人的基因里所传承下来的一种宝贵品质，也是我们全民族所倡导的一种精神和力量。

从古至今，我们中国人都非常看重劳动。“勤能补拙”“业精于勤，荒于嬉”“黑发不知勤学早，白发方悔读书迟”说的都是勤劳的重要所在。我们可以从劳动中学习知识、从劳动中创造价值、从劳动中产生快乐、从劳动中获得幸福，劳动是我们发挥主观能动性，去创造人生、改造世界的过程。如果没有劳动，就不会有今天的美好生活和丰富多彩的大千人文世界。

劳动固然重要，但更重要的是以什么样的态度和方式去劳动。我们的社会发展到今天，在方方面面都呈现出了多元化、多样性的特点，包括人们的思想和文化。辛勤劳动、诚实劳动、富有创造性的劳动才是我们所积极倡导和弘扬的；反之，功利的、非法的、具有破坏性的行为，即使是劳动，也是我们要予以抵制和反对的。因为这种消极的劳动，不但不会创造出积极的价值，反而会妨碍社会的健康良性发展，损害广大人民群众的切身利益，于人、于国皆为害。

劳动创造美，那是因为劳动本身是美的。没有劳动，衣、食、住、行皆为泡影；只有劳动，才能创造实实在在的价值。因此，劳动最光荣、劳动最崇高、劳动最伟大、劳动最美丽。人类如此美好的一种行为和品质，应该在今天得到更好的传承和弘扬，而不能因为被利益迷了眼，就对劳动的内涵有所误读。好逸恶劳、好吃懒做自然不是我们所倡导的劳动观，而劳动中投机取巧、耍奸溜滑同样与我们的主流价值观相违背。人世间的美好梦想，只有通过诚实劳动才能实现；发展中的各种难题，只有通过诚实劳动才能破解；生命里的一切辉煌，只有通过诚实劳动才能铸就。

崇尚劳动、尊重劳动，更要正确地付出劳动、从事劳动。以诚为先、以诚为重、以诚为美，这才是劳动应有之义。

(2)遵守契约

契约精神在民主法治的形成过程中有着极为重要的作用，一方面以市民社会为主体的契约精神促进了商品交易的发展，为法治创造了经济基础，同时也为市民社会提供了良好的秩序；另一方面私人契约精神上升至公法领域在控制公权力、实现人权方面具有重要意义。契约精神，无论是私法的契约精神体现在商品经济中的交易精神，还是公法上的契约精神，对我国社会主义法治国家的构建和社会主义市场经济的良性运转都有着积极作用。

(四)勤俭节约

勤俭节约的意思是勤劳而节俭，形容工作勤劳，生活节俭。勤俭节约是中华民族的传统美德，是中国人的优良传统，是我们民族世代相传的精神财富，也是我们这个民族百折不挠、生生不息的力量源泉。

1. 勤俭节约的含义

古人云："俭，德之共也；侈，恶之大也。""历览前贤国与家，成由勤俭破由奢。"小到一个人、一个家庭，大到一个国家、整个世界，要想生存，要想发展，都离不开"勤俭节约"这四个字。可以说修身、齐家、治国都离不开勤俭节约，诸葛亮把"静以修身，俭以养德"作为"修身"之道；朱子将"一粥一饭，当思来处不易；半丝半缕，恒念物力维艰"当作"齐家"的训言；毛泽东以"厉行节约，勤俭建国"作为"治国"的经验。

中华人民共和国成立初期，有一首歌唱得好："勤俭是咱们的传家宝，社会主义建设离不了。不管是一寸钢、一粒米、一尺布、一分钱，咱们都要用得巧。好钢用在刀刃上，千日打柴不能一日烧。"当时，国人都把勤俭节约作为做人和干事业的行为准则。然而随着我国国力的增强和生活的改善，有些人把勤俭节约的优良传统丢了。社会上出现了超越现实、盲目攀比的畸形消费，斗富摆阔、一掷千金的奢靡消费，过度包装、极度美化的蓄意浪费，"长明灯""长流水"的随意浪费。这种社会现象已经引起社会的广泛关注，并得到党和国家的重视。党中央及时提出"建设节约型社会"的战略决策，并把加快建设节约型社会提到"事关现代化建设进程和国家安全，事关人民群众福祉和根本利益，事关中华民族生存和长远发展"的高度，并在全国范围内大张旗鼓、深入持久地开展节约活动，加快建设节约型社会。

勤俭节约的美德如甘霖，能让贫穷的土地开出富裕的花；勤俭节约的美德似雨露，能让富有的土地结下智慧的果。在建设节约型社会中，要牢固树立“浪费也是腐败”的节约意识，克服“花公家钱不心疼”的不良心态，形成“铺张浪费可耻，勤俭节约光荣”的良好氛围，使勤俭节约成为一种时尚、一种习惯、一种精神。

2. 勤俭节约的方式

不合理的生活习惯正在影响传统的生活方式，央视新闻频道曾在公益宣传片中公布了一组粮食浪费的数字：“每年中国人在餐桌上浪费的粮食价值高达 2 000 亿元人民币，相当于 2 亿人生活一年需要的粮食。”浪费现象触目惊心，树立勤俭节约的意识刻不容缓。广大青年学生是祖国未来的建设者和接班人，担负着国家富强和民族复兴的历史重任，是建设中国特色社会主义事业的中坚力量，更应该牢固树立勤俭节约的观念，厉行节约，反对浪费，坚决抵制铺张、攀比、“面子消费”等浪费行为，自觉维护健康文明的社会公德环境。

(1)发挥教育主渠道作用

一是改善教育方式，加大宣传力度，正面引导。在全社会开展基本国情、资源现状和勤俭节约意识的教育。可以通过体验活动、知识竞赛、实地考察等形式，加大教育力度和频率，提高教学效果。二是建立和完善管理制度，严格约束和督促全体公民从生活中的一点一滴做起，养成良好的生活习惯和社会公德，坚决杜绝浪费现象。三是重视绿色文化氛围的营造，用身边的真人真事教育大家。对身边出现的勤俭节约行为大力表彰，树立先进典型，使“节俭光荣，浪费可耻”成为全社会自觉自发的一种行为意识。政府及各级党、团组织应多组织广大人民群众参与社会公益活动、爱心捐助活动等，引导大家走出“自我”的小圈子，将注意力转向关注他人、服务社会的行动上来。

(2)发挥共治指挥棒作用

政府部门、主流媒体等社会各界应携起手来，让“节俭光荣，浪费可耻”的观念蔚然成风，与学校教育相互呼应。各级党政机关，餐饮场所、社区等社会群体也都出台了新举措，由一群年轻人在网络上发起的“光盘行动”也正在全国范围内如火如荼地展开。反对浪费日益成为国际社会的共识，并正在全球范围内得到响应。联合国环境规划署、联合国粮食与农业组织和合作伙伴在日内瓦发起名为“思前、食后、厉行节约、减少你的粮耗足迹”的活动，旨在提醒消费者、销售商与服务业食品生产与消费中的损耗与浪费。这一系列的举措都是很好的方式，同时也取得了很好的效果，都将对全社会树立起勤俭的行为意识产生积极的影响。

(3)抓好家庭主战场作用

要形成良好的家庭风气和氛围，家长和长辈们要改变溺爱纵容的态度，培养年轻人的健康心态和独立人格。从日常起居等细节方面以身作则，将生活中的节水、节电、节能的经验传授给年轻人们，引导他们适度消费、合理消费、追求低碳环保的生活品质；引导家庭养成良好的生活习惯、作息习惯；勤俭节约，尊重他人的劳动，对生活有积极向上的追求。另外，家庭成员之间要经常愉悦沟通，平等交流，了解每个人所思所想，与学校教育形成良性互动，提高教育的综合效果。只要全社会积极行动起来，浪费现象就一定能得到有效的遏制，勤俭节约、绿色环保的生活理念也一定能深入人心。

3. 勤俭节约的意义

近来，公共场所的电子屏、海报上随处可见“节约”“光盘”等字样，半份菜、单人套餐、“光盘”兑换奖励等新型餐饮模式在很多餐厅悄然推开。习近平总书记对制止餐饮浪费做出重要指示以来，全社会积极响应，把厉行勤俭节约落实到行动上。

勤俭节约，倡导一种适度、节用、合理的生活和发展方式，蕴含珍惜资源、保护环境的价值取向，包含以艰苦奋斗为荣、以骄奢淫逸为耻的道德品质，体现对可持续发展的重视、对子孙后代的负责，是社会文明的显著标识。从《尚书》提出“克勤于邦，克俭于家”，到诸葛亮崇尚“静以修身，俭以养德”，再到《朱子治家格言》叮嘱“一粥一饭，当思来处不易”，诸多古训格言都彰显了崇俭抑奢的中华传统美德。

我们党继承和弘扬中华民族这一传统美德，铸就了艰苦奋斗、勤俭立业的优良传统。1936 年，美国作家埃德加·斯诺来到延安，见到我们党的领导人住在简陋的窑洞里，睡在土炕上，穿着用缴获的降落伞做成的背心。他从中国共产党人极其简朴的生活中发现了一种伟大的力量，并称之为“兴国之光”。近百年来，一代又一代中国共产党人发扬勤劳俭朴的精神，砥砺坚不可摧的意志，带领中国人民书写了国家和民族发展的壮丽史诗。党的十八大以来，以习近平同志为核心的党中央出台“八项规定”，以身作则、率先垂范，弘扬勤俭节约的优良作风，大力破除奢靡之风，营造了风清气正、崇尚节俭的社会氛围。

同时也要看到，从日常餐饮到社会生活各领域，浪费现象仍然不同程度地存在，挥霍浪费、透支消费还有市场。社会上出现种种浪费行为，究其原因，有的人是价值观扭曲，攀比心理和虚荣心作祟，以奢为荣、追求享乐，讲排场、好面子；有的人是没有经历过物质匮乏时期，对勤俭节约难以产生直观体认；有的人是缺乏社会责任感，认为节俭与否主要取决于自身经济状况和生活水平，纯属个人行为，对其重要性缺乏全面认识。

勤俭节约，涉及道德、社会、经济和环境等多方面。对于个人和家庭而言，勤俭节约是一种生活态度和美德。任何物质财富的创造都凝结着劳动者的辛劳,选择节俭的生活方式,体现对自身劳动和他人劳动的尊重。对于社会而言,勤俭节约与公德紧密相连,节俭一旦蔚然成风,便可大大减少社会资源浪费、减轻环境承载压力,成为改变社会风貌的强大力量。对于各级党委和政府而言,带头过“紧日子”,各项支出精打细算,把其他领域压减的资金投入民生领域,努力办好群众关切的事情,体现全心全意为人民服务的根本宗旨,有利于不断夯实党执政的根基。

当前,我国脱贫攻坚战取得了全面胜利,现行标准下 9 899 万农村贫困人口全部脱贫,832 个贫困县全部摘帽,12.8 万个贫困村全部出列,区域性整体贫困得到解决,完成了消除绝对贫困的艰巨任务,创造了又一个彪炳史册的人间奇迹。但是,脱贫摘帽不是终点,而是新生活、新奋斗的起点。解决发展不平衡不充分问题、缩小城乡区域发展差距、实现人的全面发展和全体人民共同富裕仍然任重道远。面临百年未有之大变局,面对当前国际和国内的各种挑战,我们一定要继续弘扬勤俭节约的优良传统,时刻保持艰苦奋斗的工作作风。民以食为天,食以俭养德。让我们积极行动起来,从自我做起,从现在做起,身体力行,以身示范,坚决制止餐饮浪费,践行文明用餐,做厉行节约的践行者、文明餐桌的维护者、美好生活的创造者,在全社会营造浪费可耻、节约为荣的氛围。

(五)创新创造

创新创造是指要具有能够综合运用已有的知识、信息、技能和方法,提出新方法、新观点的思维能力和进行发明创造、改革、革新的意志、信心、勇气和智慧。创新创造精神是一个国家和民族发展的不竭动力,也是一个现代人应该具备的素质。

1. 创新创造的含义

创新是指以现有的思维模式提出有别于常规或常人思路的见解,利用现有的知识和物质,在特定的环境中,本着理想化需要或为满足社会需求,而改进或创造新的事物,包括但不限于各种产品、方法、元素、路径、环境等,并能获得一定有益效果的行为。创造是指将两个或两个以上概念或事物按一定方式联系起来,主观地制造客观上能被人普遍接受的事物,以达到某种目的的行为。简而言之,创造就是把以前没有的事物给生产或者制造出来,这是一种典型的人类自主行为。因此,创新从哲学上说是一种人的创造性实践行为,这种实践为的是增加利益总量,需要对事物和发现的利用和再创造,特别是对物质世界矛盾的利用和再创造。人类通过对物质世界的利用和再创造,制造新的矛盾关系,形成新的物质形态。创造的一个最大特点是有意识地对世界进行探索性劳动。

2. 创新创造的方式

2014 年 9 月夏季达沃斯论坛上李克强总理提出，要在 960 多万平方千米土地上掀起“大众创业”“草根创业”的新浪潮，形成“万众创新”“人人创新”的新态势，创新不单是技术创新，更包括体制机制创新、管理创新、模式创新。中国 40 多年来改革开放本身就是规模宏大的创新行动，今后创新发展的巨大潜能仍然蕴藏在制度变革之中。

(1)开拓式创新

开拓式创新是最有价值也最有难度的一种创新，这种创新所创造的事物是历史上不曾出现过的，是全新的，并且对于历史进程具有深远的影响，它往往伴随着天才人物的灵光乍现，带有一定的偶然性。比如牛顿开创的经典物理学，爱因斯坦开创的相对论，哥伦布发现新大陆，莱特兄弟发明飞机，苹果公司在乔布斯带领下推出的个人电脑，制药公司发明新药等。

(2)升级式创新

开拓式创新固然重要，但我们也听说过“起了个大早、赶了个晚集”这句话，我们也看到很多开拓者没有赚到钱、模仿者赚了个盆满钵满的例子。比如说福特并不是汽车的发明者，但福特却靠 T 型车成了当年的美国首富；比尔·盖茨虽然不是图形化操作系统的发明者(图形化操作系统最早的发明者是施乐公司、最早的商用者是苹果公司)，但微软公司的 Windows 系统却几乎统治了个人电脑。升级式创新其实非常重要，因为早期产品往往是比较粗糙的，而且往往是价格昂贵的，升级式创新起到了完善产品、降低门槛的作用，因此他们同样值得尊敬。

(3)差异化创新

定位理论风靡于营销界之时，颇有营销就等于定位、定位就等于营销的感觉。其实，定位理论所适合的，只是差异化创新这个领域。差异化的例子估计大家随便就可以举出来一大堆，比如说专门给老人使用的手机，专门定位于办公的 Thinkpad 笔记本，专门用来越野的 Jeep 车，专门用来交友的陌陌……差异化创新应该是最常见的一种创新模式，它是由消费者驱动的创新模式。

(4)组合式创新

组合式创新是指利用创新思维将已知的若干事物合并成一个新的事物，使其在性能和服务功能等方面发生变化，以产生出新的价值。以产品创新为例，可根据市场需求分析比较，得到有创新性的新的技术产物的过程，包括功能组合 、材料组合、原理组合等。当我们给手机装上摄像头的时候，我们就有了“扫一扫”的可能性。当我们给牙刷装上发动机，它就成了电动牙刷。组合式创新同样是一种常见的创新模式，它依赖的不是技术进步，而是对于新需求的敏锐洞察。

(5)移植式创新

所谓移植式创新，就是把在A领域所使用的技术或模式，移植到看似没有关联的B领域，从而创造出新的产品或模式。例如，吉列在剃须刀领域发明了“刀架＋刀片”的模式，把重复购买率低的刀架以极低的利润出售，提高市场占有率，然后再通过出售重复购买率很高的刀片来赚钱。

(6)精神式创新

在大部分发展到成熟阶段的行业当中，不要说开拓式创新、升级式创新的机会没有了，就连差异化创新也没有什么空间，这时候可能你能够依赖的就是精神式创新了，你只能通过取得人们在情感、文化、价值观层面的共鸣来实现创新。如果消费者消费你的产品是因为可以通过你的产品向外界传递出自己的价值主张。

3. 创新创造教育的意义

(1)创新创造教育是适应经济社会发展的必然要求

当前创新力越来越成为国家间竞争的核心要素。我国想要在国际事务中赢得主动权，必须要加大创新的力度。高校创新体系的建立，能有效地推动国家创新体系的建设，创新创造是一种全新的生产力。长期以来，由于高校扩招，我国大学生毕业人数逐年增多，与此同时我国经济增长速度放缓，在此期间大学生就业难已经是不争的事实。就业压力问题成为我国政府亟需解决的社会问题。对大学生开展创新创造教育，不仅能使大学生解决自身就业问题，还能带动其他社会群体就业，发挥出创新创造教育对就业的倍增效应。

(2)创新创造教育是深化高等教育改革的迫切要求

实施创新创造教育符合高校内涵式发展的路径要求，内涵式发展要求以质量为核心、以人为本。提高质量是高等教育的生命线，人才培养质量是高等教育质量的核心。高等学校人才培养质量高低的根本标准在于其培养出来的人才是否适应经济社会发展需要和国家战略发展的需求。创新创造教育的核心是培养大学生创新精神和创造能力，引导高等学校不断更新教育观念、改革人才培养模式、改革教育内容和教学方法，将人才培养、科学研究、社会服务紧密地结合起来，实现从注重知识向更加重视能力和素质的转变，提高人才培养的质量。实施创新创造教育也符合高校建设“创造型”大学的教育理念，“创造型”大学是在研究型大学的基础上发展起来的，它以提高地区经济发展水平，培养创新创造精神，形成创造文化为己任。

(3)创新创造教育是促进学生发展的有效途径

首先，创新创造教育从“狭义说”的角度来讲，有助于激发学生的学习兴趣和创造热情，帮助学生了解创新创造相关知识、培养学生的创新创造能力，从而提高个体创造的成功率，获得创新创造带来的精神和物质的回报。其次，从“个体本位说”的角度出发，创新创造教育有利于培养学生的批判精神和创造精神，激发学生的创造潜能，培养学生勇于探索的精神和善于解决问题的实践能力。再次，创新创造教育作为一种素质教育的理念，有利于学生健全人格的发展，促进大学生个性化培养和综合素质的提高。

4. 加强创新创造教育的方法

(1)构建创新教育课程体系

创新教育的培养目标要通过课程这个核心环节来实现。建立渗透创新教育内容、科学合理的课程体系是提高大学生创新精神的重要途径之一。高校的课程设置必须结合当代科技发展的新特点，各学科在高度分化的同时，又呈现出高度融合的趋势。这就要求学科专业人员的知识结构要更加宏大，既要有精深专业的知识，更要有其他学科广博的知识。因而高校在课程设置上需拓宽课程选择面，完善课程转换体系，使学生可以跨专业、跨院系学习；开设相关选修课程，加强文化素质教育，为学生的创新活动提供深厚的文化底蕴；实施主辅修学习制度，加强复合型人才培养；实施第二课堂培养计划，将第二课堂开展的思想教育活动、科技创新活动、文化体育活动、社会实践活动等纳入创新人才培养体系，将课内培养与课外培养相结合，全面提高学生的创新能力和综合素质；开设“创新学分”课程，训练学生的灵活性思维、求异型思维、发散性思维和逆向思维。开发他们思维的灵活性、精确性、敏捷性及变通性，激活他们的创新潜能和创新的主动性，掌握创新思维的策略。

(2)引入创新指标的教育评价

传统评价体系有着科学严谨的优势，如果将创新精神融入传统的评价体系，构建多元的、立体的教学评价体系，必将促进创新教育的实施。如建立有利于学生创新能力培养的激励机制；重视学生的参与过程，改变那种以学生掌握知识的多少来评价学生学习与教师教学质量的知识质量观，构建综合素质评价指标体系，学生发言，参与讨论、实验等方面也作为评价的一个方面，最大限度地调动学生学习的积极性，让学生充分表现自己，促进学生知识、能力、素质的协调发展。同时学校给教师适当的权力，教师根据课程特点、教学内容，采取灵活多样的考试方法，如以书面答卷、科研论文、产品设计、社会调查报告等相结合的方式进行测试，做到知识、能力和综合素质的综合考评，以此促进大学生积极主动提高自己的创新意识与创新能力。

(3)搭建创新实践平台

创新教育不能脱离实践，只有在实践中培养起来的创新能力才能经得起社会检验。学生在学校学习大量的书本知识与间接经验是必要的，但必须安排相应的实践环节。实践教学的重要性，马克思早在19世纪60年代就给予充分肯定，理论和实践的结合是教育目标，而教育目标是教育工作的出发点和归宿。教育工作者应高度认识理论必须与实践相结合的重要性，学到的知识必须运用于实践，这样才能发挥理论知识的效用，才能在实践中创新发展。因此，在抓好理论教学的同时必须摆正实践教学的位置，加强对实践教学的检查和质量评估，及时解决实践教学中出现的问题。学校应保持与社会各部门、各企业的协作和联系，为学生开设第二课堂，提供一切可能的机会使学生熟悉社会、熟悉本专业知识在实践过程中的运用，在解决实际问题的过程中学习新知识，培养和训练学生各方面的能力。

(4)尊重学生个性发展

创新与个性不可分，良好的个性在创新活动中起着极为重要的作用。然而，长期以来，高校的教学、管理工作只注重学生的共性培养，忽视学生的多样性和个性化发展，把个性发展与达到统一的培养目标及学生的全面发展对立起来。心理学的研究成果表明，创新能力的开发有赖于创造性思维的形成与运用。因此，对于高等教育来说，首先应当转变观念，树立正确的学生观，尊重和培养学生个性。把对学生的潜能开发、个性发展作为基本出发点，对学生正当的兴趣和爱好给予必要的引导和支持，特别是对有特殊才能的学生给予鼓励，不拘一格为具有不同志向和禀赋的学生提供多种发展方向和途径；努力为学生创造张扬个性的教学环境、民主协商的探索氛围，让他们根据社会需要和自身特点及兴趣爱好构筑自身的知识结构，使每个学生的个性才能在其天赋允许的范围内都能得到比较充分的发展。

希望社会能把尊重劳动、尊重劳动者、尊重工匠精神从内涵、原则、应持有态度、制度保障上真正确立并加以落实，让更多的人感受到劳动光荣，立志做工匠，为推进社会高质量发展而努力奋斗。

拓展学习

全国金融五一劳动奖章获得者——90后银行柜员沈晓琴

沈晓琴，1990年6月出生，中国银行德清新市支行员工。2011年从浙江金融职业学院毕业后进入德清支行工作，在经历了一年的实习期后，2012年在支行营业部从事对公柜员工作。2016年12月荣获由中国金融工会全国委员会颁发的“全国金融五一劳动奖章”。

她虽没有惊天动地的丰功伟绩和豪言壮语，但凭着对金融事业的满腔热忱，兢兢业业，踏踏实实，以强烈的敬业精神和实事求是的工作态度在本职岗位上开拓出了一片自己的新天地，找准了自己的人生坐标。她立足本职工作，认真履行职责，不断开拓创新，始终以高度负责的态度，五年如一日辛勤耕耘在平凡的工作岗位上，实现着她的人生价值，并以其良好的职业道德素养、扎实的专业理论基础知识和职业技能获得全行干部职工的一致好评。

刚从学校毕业时，沈晓琴是一名从高职学院毕业的特招生，个人学历也只是大专，与她一同入行的都是名牌大学的本科生，面对学历弱项、完全陌生的工作环境及业务，她没有被眼前困难所吓倒，凭着不服输的劲头，她认真观察，仔细体会，白天在单位跟着学，晚上在家自学，通过各种途径向老员工学习业务知识，一个月时间她对营业部大大小小的岗位全部熟悉了一遍，一周的时间就做到了独立上岗办理柜面业务、熟练操作各类电子机具。之后，她对营业部各对公业务岗位刻苦钻研，精通每个岗位业务，每当营业部遇到其他员工休息或遇到其他任务，部门领导想到的总是她，而她从没有怨言，总会说“好的，没问题”，经常性地一个人承担两个人的工作量，为营业部人力资源紧张分忧解难，默默奉献。

沈晓琴到营业部工作后，干一行，爱一行，精一行。营业部对公开户是一项较为烦琐、等待时间较长的工作，要合规，又要让客户满意，对柜台人员来说任务艰巨。在她之前，营业部客户对新开户不能及时开立曾有意见。由她负责开户及其他对公传票输入工作后，为了提高柜台服务效益，减少客户等待时间，她一方面利用休息时间，熟记了在营业部开户的所有客户账号，提高自己的阅读反应速度；另一方面，苦练电脑传票输入技能，以熟练的业务素质，提高为客户服务的质量。人常说：老虎也有打盹的时候。她每天在有上千万资金进出的对公柜台上，本着认真负责、耐心细致的工作态度及稳、准、快的工作效率，硬是让她经手的每笔业务都没有发生差错，为保证资金安全交上了一份满意的答卷。

营业部作为中国银行的对外窗口，职工的一言一行都代表着中国银行的形象。在营业部开展“文明优质服务”和安全生产活动过程中，沈晓琴时刻以中国银行文明优质服务标准要求自己，积极参加金融职业道德教育，规范文明服务用语，努力提高服务水平和服务质量。在五年的一线工作中她始终面带微笑热情接待客户，耐心解答疑问，为客户营造了一个优质、文明、规范、高效的服务环境，同时也体现了中国银行员工的良好精神风貌。

“非学无以广才，非学无以培智。”沈晓琴始终把学习作为做好本职工作的首要条件，精益求精，孜孜不倦。她不仅勤于学习新业务、新知识，还利用业余时间，深入系统地学习各类经济、金融等各方面的理论和知识，不断充实自己。同时，为进一步提高自己的知识层次，弥补专业知识上的不足，她还通过考试参加了中央广播电视大学金融本科专业的学习，取得本科文凭。在每次的新业务推广中，她始终能做到勤学苦练、反复琢磨，虚心向老同志学习，向业务尖子请教，使自己在较短的时间内掌握了各项系统的操作，胜任本职工作。为了更好地适应工作，她总是利用休息时间勤练基本功，从传票输入到中文录入，练就了一手过硬的本领，为保质保量地完成工作打下了坚实的基础。几年中她结合工作岗位特点，有针对性地学习了《会计法》《支付结算办法》《票据法》，参加会计人员继续教育培训；在面对新业务、新知识时，做到精通业务知识，熟练操作程序。更可贵的是，沈晓琴能把所学知识和实际工作有机地结合起来，根据平时工作中积累的经验和相关知识提出了有实践价值的意见，充分体现了一名业务骨干的作用。

众所周知，在营业部工作加班加点是常事，特别是每逢月末年终，沈晓琴对加班从不推诿，从不计较个人得失，加班加点完成工作。五年来，始终如一地以优秀员工的标准要求自己，遵守中国银行的工作制度和劳动纪律。

沈晓琴在工作中、生活中，各方面都是经得起考验的，是一名“思想好、作风正、工作出色”的优秀员工，无愧于“全国金融五一劳动奖章”获得者的光荣称号。2017年沈晓琴被中国银行浙江省分行评为首批一级核心专业人才，浙江省分行卓越员工。她还在五一节前夕荣获“中国银行2017年度五四青年奖章”，受邀参加中国银行全球青年节活动。

（资料来源：王祝华. 银色的旗帜——30个“银领精英”的成长故事. 杭州：浙江工商大学出版社，2018）

思考与讨论

1. 劳动应有的态度是什么？
2. 如何依法履约劳动合同？
3. 发扬吃苦耐劳的精神从何做起？
4. 创新能力的培养如何促进劳动的发展？
5. 你如何看待“劳心者治人，劳力者治于人”的观点？

主题实践活动

1. 主题实践活动 1(表 3-1)

表 3-1　　主题实践活动 1

参观大型企业，了解劳动真实场景		
姓名	日期	所参观的企业名称
采访对象对其工作岗位的看法		
你对这份工作的看法		
你的学习和收获		

2. 主题实践活动 2(表 3-2)

表 3-2　　主题实践活动 2

参加劳动志愿服务,感受其真实体验并分析其价值体现	
劳动内容	
劳动目标	
社会意义	
真实体验	
价值体现	

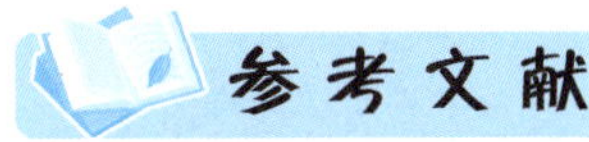

参考文献

[1]徐国庆. 劳动教育[M]. 北京:高等教育出版社,2021.

[2]王宇粱. 劳动教育[M]. 南京:南京大学出版社,2021.

[3]赵章彬. 高等职业院校劳动文化建设与创新研究[M]. 北京:中国农业大学出版社,2021.

[4]刘向兵. 新时代高校劳动教育论纲[M]. 北京:社会科学文献出版社,2019(03).

[5]刘传青. 职业拓展要打破职业的高低贵贱之分[J]. 劳动保障世界, 2019(03).

[6]王世虎. 职业没有高低贵贱之分[J]. 工友, 2015(09).

[7]林芝."不重高低重平衡"的职业观更值得肯定[J]. 教育与职业, 2013(04).

[8]陈小霞. 高职院校劳动教育的现状与路径探索[J]. 中国现代教育装备, 2022(03).

[9]李敏. 浅析高校创新教育对大学生创业的重要意义[J]. 黑龙江教育, 2018(07).

[10]曾天山. 劳动教育的时代价值与落实机制[N]. 中国教育报,2018-12-27.

[11]殷烁. 思想纵横:弘扬勤俭节约之风[N]. 中国共产党新闻网,2020-09-22.

[12]仇瑛,梁定旭. 高职大学生创新思维能力培养策略研究[J]. 学生党建与思想教育,2016(06).

模块四

保障劳动

劳动是人的存在方式，是人类最基本的社会活动，是促进人的全面发展、推动社会发展和进步的源泉和动力。党的二十大报告指出："健全劳动法律法规，完善劳动关系协商协调机制，完善劳动者权益保障制度，加强灵活就业和新就业形态劳动者权益保障。"在推进法治中国建设进程，加强重点、新兴领域的立法工作中，加快推动基本劳动标准立法具有迫切的社会需要与时代意义。劳动者是劳动的主体，劳动权是劳动者的基本权利。在现代社会，劳动权是人权的一项基本内容，具有生存权和发展权的属性。保障劳动是指按照《中华人民共和国劳动法》的规定，为保护劳动者的基本权益所采取的一切措施和行为的总和。保障劳动者劳动权的实现是构建社会主义和谐稳定社会的关键。

保障劳动权就是维护人的尊严，就是保障人权。保障劳动，关键是要清楚劳动保障的内容。劳动保障的内容是主体的独立人格、法律地位和物质利益。主体的独立人格是获得法律地位的前提，而独立的法律地位又是实现物质利益的前提。保障劳动首先要确立和维护劳动者和用人单位的独立人格和法律地位。劳动者要独立于国家、独立于资本、独立于其他任何人，成为能够自由支配自己劳动力、享有自主择业权的主人；用人单位要独立于国家、独立于其他单位，成为能够自主经营、拥有用工自主权的市场主体。保障劳动其次要保障主体的物质利益。维护主体人格和法律地位就是为了实现和保障主体的物质利益。

本模块主要从"劳动合同与劳动权益""劳动争议与处理方式""劳动安全风险防范与安全保障"等方面着手，通过梳理有关法律法规，阐述了劳动合同的概念、形式、种类和内容，明晰了劳动者该享有的劳动权利；明确了劳动争议的概念，划分了劳动争议的范围、类别，列举了劳动争议的解决方式；针对日常劳动过程中容易出现的安全风险点，把劳动安全的概念、劳动安全风险因素类别、劳动教育安全保障的具体措施等做了详细的整理，重点结合大学生特别是职业院校的学生特点，介绍了日常劳动安全防范和实习期间的劳动风险防范知识。

学习目标

1. 了解劳动合同与劳动权益的基本内涵。
2. 熟悉劳动争议及其处理方式。
3. 掌握劳动安全风险防范与安全保障的基本内容。
4. 掌握大学生岗位实习期间劳动风险防范的主要举措。
5. 提高大学生劳动保障意识。

导入案例

劳动者与用人单位事实劳动关系认定

苏某于2019年1月入职A公司，双方并未签订书面劳动合同。2019年6月30日苏某因口头顶撞上级领导被当场辞退，苏某不服，向当地劳动仲裁部门申请劳动仲裁，请求A公司支付2019年2月至2019年6月期间的双倍工资，以及支付一个月工资作为补偿金。苏某提交其工装、工牌、日常上下班打卡记录、A公司面试通知短信、微信工作群聊天记录、苏某与公司领导的电话录音（主要内容为苏某顶撞领导所以被辞退）等证据。A公司认为苏某并不是其员工，原因为苏某并未与A公司签订劳动合同，且苏某工资一直是由第三方B公司发放。

你觉得苏某的主张能得到劳动仲裁部门的支持吗？

（资料来源：谢智菲.劳动者与用人单位事实劳动关系认定[J].山东人力资源和社会保障，2020(Z1).）

一、劳动合同与劳动权益

随着社会的不断进步、行业的快速发展以及个人法制观念的加强，各用人单位和劳动者本人对劳动关系有了更高的要求，在这样的大环境下，提高我们对劳动合同与劳动权益的认识具有重要的现实意义。

（一）劳动合同

劳动关系是社会关系中最为重要、最为基本的构成元素，劳动关系建立的书面依据是劳动合同。劳动关系是否稳定，不仅关系到劳动者和用人单位的利益，更关系到国家经济发展和社会和谐。

1. 劳动合同的概念

劳动合同，又称劳动契约、劳动协议。劳动合同是调整劳动关系的基本法律形式，也是确立劳动者与用人单位劳动关系的基本前提，在劳动法中占据核心的地位。《中华人民共和国劳动法》(以下简称《劳动法》)确立了我国的劳动制度，《劳动法》第十六条规定：劳动合同是劳动者与用人单位建立劳动关系、明确双方权利和义务的协议。建立劳动关系应当订立劳动合同。这一规定首先确立了我国与社会主义市场经济体制相适应的劳动用人制度的基本形式，即当事人双方必须订立劳动合同。原劳动部(现人力资源和社会保障部)《关于〈劳动法〉若干条文的说明》第十六条中指出：建立劳动关系的所有劳动者，不论是管理人员，技术人员还是原来所称的固定工，都必须订立劳动合同。劳动合同的主体是特定的，即只能一方是劳动者，一方是劳动者所在的用人单位。劳动者与劳动者之间、用人单位与用人单位之间永远是不能形成劳动合同的。劳动合同在一般情况下，往往不强调劳动的结果，而强调劳动的过程。这是由劳动本身的复杂性所决定的，有的劳动成果当时就能衡量，如编织劳动；有的劳动成果当时无法衡量，如教师授课、医生治病；有的有独立成果，如小件行李搬运；有的劳动则融合在集体之中，如机床零件的某一道加工工序。一般情况下劳动者一方只要按照规定的时间，规定的要求，完成企业交给他的属于一定的工种、一定的专长或一定职务的工作量，用人单位就应按照合同支付劳动报酬。这一特征在一定意义上说，企业不能因经营情况不好而克扣劳动者的应得收入。

2. 劳动合同的形式

劳动合同的形式是指订立劳动合同的方式。劳动合同的形式一般有书面形式和口头形式两种。书面合同是由双方当事人达成协议后，将协议的内容用文字形式固定下来，并经双方签字作为凭证的合同。口头合同是双方当事人口头承诺即告成立，不必用文字写成书面形式的合同。我国劳动法规定，劳动合同应当以书面形式订立。法律之所以这样规定，其目的在于用书面形式明确劳动合同当事人双方的权利与义务，以及有关劳动条件、工资福利待遇等事项，便于履行和监督检查，在发生劳动争议时，便于当事人举证，也便于有关部门处理。

3. 劳动合同的种类

以劳动合同的期限划分，劳动合同可分为固定期限劳动合同、无固定期限劳动合

同和单项劳动合同的工作为期限三种。

(1)固定期限劳动合同

固定期限劳动合同是指用人单位与劳动者预定合同终止时间的劳动合同。用人单位与劳动者协商一致,可以订立固定期限劳动合同。

(2)无固定期限劳动合同

无固定期限劳动合同,通常称为长期合同,是指用人单位与劳动者约定无确定终止时间的劳动合同。用人单位与劳动者协商一致,可以订立无固定期限劳动合同。有下列情形之一,劳动者提出或者同意续订、订立劳动合同的,除劳动者提出订立固定期限劳动合同外,应当订立无固定期限劳动合同:劳动者在该用人单位连续工作满十年的;用人单位初次实行劳动合同制度或者国有企业改制重新订立劳动合同时,劳动者在该用人单位连续工作满十年且距法定退休年龄不足十年的;连续订立二次固定期限劳动合同,且劳动者没有《中华人民共和国劳动合同法》第三十九条和第四十条第一项、第二项规定的情形,续订劳动合同的。需要特别注意的是,如果用人单位自用工之日起满一年不与劳动者订立书面劳动合同的,视为用人单位与劳动者已订立无固定期限劳动合同。

(3)单项劳动合同

单项劳动合同是指用人单位与劳动者约定以某项工作的完成为合同期限的劳动合同。用人单位与劳动者协商一致,可以订立以完成一定工作任务为期限的劳动合同。

4. 劳动合同的内容

劳动合同的内容分为必备条款和约定条款两部分。劳动合同的九条必备条款分别为:

(1)用人单位的名称、住所和法定代表人或者主要负责人;

(2)劳动者的姓名、住址和居民身份证或者其他有效身份证件号码;

(3)劳动合同期限;

(4)工作内容和工作地点;

(5)工作时间和休息休假;

(6)劳动报酬;

(7)社会保险;

(8)劳动保护、劳动条件和职业危害防护;

(9)法律、法规规定应当纳入劳动合同的其他事项。劳动合同除前款规定的必备条款外,用人单位与劳动者可以约定试用期、培训、保守秘密、补充保险和福利待遇等其他事项。但双方的约定条款不能违背法律、法规和有关规章的规定。

拓展学习

新型冠状病毒

用人单位因新型冠状病毒疫情(以下简称"疫情")原因未与劳动者签订书面劳动合同,导致劳动者单方解除劳动关系,是否应当支付二倍工资?

1. 基本案情

蒋某与甲旅游文化公司的劳动合同于2020年3月31日到期,合同到期后,未续签。因疫情防控需要,甲旅游文化公司2020年4月中旬复工,但因疫情影响公司办公地点撤销,蒋某继续居家办公。甲旅游文化公司以蒋某未实际工作为由拒绝支付蒋某5月至6月的工资,蒋某无奈向甲旅游文化公司提出解除劳动关系。蒋某向南京市某区劳动仲裁机构申请劳动仲裁,要求甲旅游文化公司支付工资、年终奖、未签订劳动合同补偿金以及解除劳动合同经济补偿金。后因仲裁机构超过审理期限,蒋某申请不同意仲裁机构继续审理,遂向法院提起诉讼。诉讼过程中,甲旅游公司辩称,未与蒋某签订劳动合同,主要是受疫情防控影响,没有不签订劳动合同的主观故意。

2. 审理裁判

在法院的主持下,双方达成调解协议:公司向蒋某一次性支付各项费用40 000元,双方劳动关系解除。

3. 法官点评

根据《中华人民共和国劳动合同法》规定,依法及时与劳动者签订劳动合同是用人单位的法定义务,未依法签订劳动合同将面临支付二倍工资的法律风险。受疫情防控影响,用人单位与劳动者签订书面劳动合同确实存在困难,可以通过电子邮件或者电话、短信等方式与劳动者协商确定订立书面合同的时间,并且按照约定时间订立。用人单位未能举证证明与劳动者有此磋商过程,应当承担二倍工资,但考虑到疫情期间是特殊时期,法院运用调解方式化解争议矛盾,兼顾用人单位与劳动者双方的利益，引导用人单位和劳动者各让一步，共渡难关、共谋发展，具有良好的法律效果和社会效果，更加有利于营造新型和谐劳动关系。

（资料来源：澎湃新闻，2021 年 4 月 30 日）

（二）劳动权益

劳动权益是法律规定的劳动者在履行劳动义务时所享有的与劳动相关的权利。《劳动法》规定，劳动者享有的劳动权利有以下几项。

1. 平等就业的权利

具有劳动能力的公民，有获得职业的权利。劳动是人们生活的第一个基本条件，是创造物质财富和精神财富的源泉。劳动就业权是有劳动能力的公民获得参加社会劳动和切实保证按劳取酬的权利。公民的劳动就业权是公民享有其他各项权利的基础。如果公民的劳动就业权不能实现，其他一切权利也就失去了基础。劳动者就业，不因民族、种族、性别、宗教信仰不同而受歧视；妇女享有与男子平等的就业权利；在录用职工时，除国家规定的不适合妇女的工种或者岗位外，不得以性别为由拒绝录用妇女或者提高对妇女的录用标准。

2. 选择职业的权利

劳动者具有根据自己的意愿选择适合自己才能、爱好的职业的权利。劳动者拥有自由选择职业的权利，有利于劳动者充分发挥自己的特长，促进社会生产力的发展。劳动者在劳动力市场上作为就业的主体，具有支配自身劳动力的权利，可根据自身的素质、能力、志趣和爱好以及市场资讯，选择用人单位和工作岗位。选择职业的权利是劳动者劳动权利的体现，是社会进步的一个标志。

3. 取得劳动报酬的权利

劳动者付出劳动，依照合同及国家有关法律取得报酬，是劳动者的权利。而及时定额地向劳动者支付工资，则是用人单位的义务。用人单位违反这些应尽的义务，劳动者有权依法要求有关部门追究其责任。获取劳动报酬是劳动者持续地行使劳动权不可缺少的物质保证。党的二十大报告指出："坚持按劳分配为主体、多种分配方式并存，构建初次分配、再分配、第三次分配协调配套的制度体系。""坚持多劳多得，鼓励勤劳致富，促进机会公平，增加低收入者收入，扩大中等收入群体。完善按要素分配政策制度，探索多种渠道增加中低收入群众要素收入，多渠道增加城乡居民财产性收入。”《劳动法》第四十八条规定：国家实行最低工资保障制度。最低工资的具体标准由省、自治区、直辖市人民政府规定，报国务院备案。用人单位支付劳动者的工资不得低于当地最低工资标准。《关于〈中华人民共和国劳动法〉若干条文的说明》第四十四条规定有下列情形之一的，用人单位应当按照下列标准支付高于劳动者正常工作时间工资的工资报酬：(一)安排劳动者延长工作时间的，支付不低于工资的百分之一百五十的工资报酬；(二)休息日安排劳动者工作又不能安排补休的，支付不低于工资的百分之二百的工资报酬；(三)法定休假日安排劳动者工作的，支付不低于工资的百分之三百的工资报酬。

4. 休息休假的权利

我国《宪法》第四十三条规定：中华人民共和国劳动者有休息的权利。国家发展劳动者休息和休养的设施，规定职工的工作时间和休假制度。《劳动法》第三十六条规定：国家实行劳动者每日工作时间不超过八小时、平均每周工作时间不超过四十四小时的工时制度。第三十八条规定：用人单位应当保证劳动者每周至少休息一日。第四十五条规定：国家实行带薪年休假制度。劳动者连续工作一年以上的，享受带薪年休假。具体办法由国务院规定。

5. 获得劳动安全卫生保护的权利

劳动者有获得劳动安全卫生保护的权利，这是对劳动者在劳动中的生命安全和身体健康，以及享受劳动权利的最直接的保护。用人单位必须建立、健全劳动安全卫生制度，严格执行国家劳动安全卫生规程和标准，对劳动者进行劳动安全卫生教育，防止劳动过程中的事故，减少职业危害；用人单位必须为劳动者提供符合国家规定的劳动安全卫生条件和必要的劳动防护用品，对从事有职业危害作业的劳动者应当定期进行健康检查。

6. 接受职业技能培训的权利

我国宪法规定，公民有受教育的权利和义务。所谓受教育既包括受普通教育，也包括受职业教育。公民要实现自己的劳动权，必须拥有一定的职业技能，而要获得这些职业技能，越来越依赖于专门的职业培训。党的二十大报告提出：“健全终身职业技能培训制度，推动解决结构性就业矛盾。”结构性就业矛盾是指人力资源供给与岗位需求之间的不匹配，其导致了“就业难”和“招工难”并存的现象。国家通过各种途径，采取各种措施，发展职业培训事业，开发劳动者的职业技能，提高劳动者素质，增强劳动者的就业能力和工作能力。用人单位应当建立职业培训制度，按照国家规定提取和使用职业培训经费，根据本单位实际，有计划地对劳动者进行职业培训。从事技术工种的劳动者，上岗前必须经过培训。

7. 享受社会保险和福利的权利

劳动者享受包括养老保险、医疗保险、工伤保险、失业保险、生育保险等在内的劳动保险和福利，劳动者享受的社会保险金必须按时足额支付。劳动者在下列情形下，依法享受社会保险待遇：退休；患病、负伤；因工伤残或者患职业病；失业；生育。劳动者死亡后，其遗属依法享受遗属津贴。国家发展社会福利事业，兴建公共福利设施，为劳动者休息、休养和疗养提供条件。用人单位应当创造条件，改善集体福利，提高劳动者的福利待遇。

8. 提请劳动争议处理的权利

当劳动者与用人单位发生劳动争议时，劳动者享有提请劳动争议处理的权利，即劳动者享有依法向劳动争议调解委员会、劳动仲裁委员会和法院申请调解、仲裁、提起诉讼的权利。劳动争议发生后，当事人可以向本单位劳动争议调解委员会申请调解；调解不成，当事人一方要求仲裁的，可以向劳动争议仲裁委员会申请仲裁。当事人一方也可以直接向劳动争议仲裁委员会申请仲裁。对仲裁裁决不服的，可以向人民法院提起诉讼。

9. 法律规定的其他劳动权利

法律规定的其他劳动权利包括：依法参加和组织工会的权利，依法享有参与民主管理的权利，依法享有参加社会义务劳动的权利，从事科学研究、技术革新、发明创造的权利，依法解除劳动合同的权利，对用人单位管理人员违章指挥、强令冒险作业有拒绝执行的权利，对危害生命安全和身体健康的行为有权提出批评、举报和控告的权利等。

拓展学习

为什么要加强灵活就业和新就业形态劳动者权益保障？

习近平总书记在党的二十大报告中指出："健全劳动法律法规，完善劳动关系协商协调机制，完善劳动者权益保障制度，加强灵活就业和新就业形态劳动者权益保障。"这对于强化社会保障，维护劳动者合法权益，优化自主创业环境，不断拓展就业创业服务渠道具有重要意义。

第一，灵活就业和新就业形态劳动者，对拓宽就业新渠道、培育发展新动能发挥了重要作用。灵活就业主要包括个体经营、非全日制、新就业形态等第三类就业方式。新就业形态就业人员包括：一是将互联网平台作为经营载体或信息提供者实现就业的劳动者，其与平台企业之间的权利义务关系适用民事法律调整；二是依托平台就业，与平台企业之间订立劳动合同或符合确定劳动关系情形的劳动者；三是依托平台就业，工作有较大自主性，劳动过程受到平台企业的管理，不完全符合确立劳动关系的情形。

第二，现行的劳动法、劳动合同法和社会保障制度主要针对传统就业方式设计，还不能很好适应灵活就业和新就业形态劳动者。这使灵活就业和新就业形态劳动者的法律身份，同平台企业、用户和第三方外包企业的法律关系以及权利义务等，均缺乏明确界定和规范。一些用人单位为了降低成本、规避用工主体责任，采取社会化用工方式，或将劳动用工外包给第三方企业，或以加盟等方式用民事关系代替雇佣关系，或诱导劳动者注册为个体工商户，导致管理无序、保障缺位。

第三，把加强灵活就业和新就业形态劳动者权益保障作为构建和谐劳动关系的重要抓手，促进高质量充分就业。要抓紧研究制定保障灵活就业和新就业形态劳动者权益的法律法规和制度体系，落实完善各项支持和保护政策措施，规范灵活就业和新就业形态健康发展，更好促进积极就业。引导相关企业充分尊重和平等对待灵活就业和新就业形态劳动者，完善行业公约和行业标准，促进企业加强自律、依法用工，自觉履行其应当承担的用工和权益保障责任。加强人力资源市场监管，加强对企业用工方式的监督和合法性审查，对刻意规避监管、逃避责任的行为予以督促整改。

（资料来源：沈阳市商务局官网，2023 年 5 月 5 日）

二、劳动争议与处理方式

工业化生产产生了现代意义的用人单位和劳动者。在日常的生产过程中，因各种原因，用人单位和劳动者之间难免出现一些劳动争议。正视劳动争议，并寻求积极的处理方式，对维护劳动者自身的利益具有十分重要的现实作用。

（一）劳动争议概述

劳动争议在现实生活中是非常常见的，产生劳动争议是让劳动者十分忧心的一

个劳动问题。作为大学生，提早了解劳动争议及后续处理方式，将对未来维持健康的劳动关系意义重大。

1. 劳动争议的概念

劳动争议（又称劳动纠纷），是指劳动关系的当事人因执行劳动法律、法规和履行劳动合同而发生的纠纷，即劳动者与所在单位之间因劳动关系中的权利义务而发生的纠纷。具有以下特征：

劳动争议（纠纷）是劳动关系当事人之间的争议。劳动关系当事人，一方为劳动者，另一方为用人单位。劳动者主要是指与在中国境内的企业、个体经济组织建立劳动合同关系的职工和与国家机关、事业组织、社会团体建立劳动合同关系的职工。用人单位是指在中国境内的企业、个体经济组织以及国家机关、事业组织、社会团体等与劳动者订立了劳动合同的单位。不具有劳动法律关系主体身份者之间所发生的争议，不属于劳动纠纷。如果争议不是发生在劳动关系双方当事人之间，即使争议内容涉及劳动问题，也不构成劳动争议。如劳动者之间在劳动过程中发生的争议，用人单位之间因劳动力流动发生的争议，劳动者或用人单位与劳动行政管理部门在劳动行政管理中发生的争议，劳动者或用人单位与劳动服务主体在劳动服务过程中发生的争议等，都不属于劳动争议。

劳动争议（纠纷）的内容涉及劳动权利和劳动义务，是为实现劳动关系而产生的争议。劳动关系是劳动权利义务关系，如果劳动者与用人单位之间不是为了实现劳动权利和劳动义务而发生的争议，就不属于劳动争议的范畴。劳动权利和劳动义务的内容非常广泛，包括就业、工资、工时、劳动保护、劳动保险、劳动福利、职业培训、民主管理、奖励惩罚等。

劳动争议（纠纷）既可以表现为非对抗性矛盾，也可以表现为对抗性矛盾，而且两者在一定条件下可以相互转化。在一般情况下，劳动争议表现为非对抗性矛盾，给社会和经济带来不利影响。

2. 劳动争议的范围

根据《中华人民共和国劳动争议调解仲裁法》第二条规定，劳动争议的范围是：（一）因确认劳动关系发生的争议；（二）因订立、履行、变更、解除和终止劳动合同发生的争议；（三）因除名、辞退和辞职、离职发生的争议；（四）因工作时间、休息休假、社会保险、福利、培训以及劳动保护发生的争议；（五）因劳动报酬、工伤医疗费、经济补偿或者赔偿金等发生的争议；（六）法律、法规规定的其他劳动争议。

3. 劳动争议的分类

劳动争议按照不同的标准，可划分为：

按照劳动争议当事人人数多少的不同，可分为个人劳动争议和集体劳动争议。个人劳动争议是指劳动者个人与用人单位发生的劳动争议；集体劳动争议是指劳动者一方当事人在三人以上，有共同理由的劳动争议。

按照劳动争议的内容，可分为因履行劳动合同发生的争议，因履行集体合同发生的争议，因企业开除、除名、辞退职工和职工辞职、自动离职发生的争议，因执行国家有关工作时间和休息休假、工资、保险、福利、培训、劳动保护的规定发生的争议等。

按照当事人国籍的不同，可分为国内劳动争议与涉外劳动争议。国内劳动争议是指中国的用人单位与具有中国国籍的劳动者之间发生的劳动争议；涉外劳动争议是指具有涉外因素的劳动争议，包括中国在国（境）外设立的机构与中国派往该机构工作的人员之间发生的劳动争议、外商投资企业的用人单位与劳动者之间发生的劳动争议。

按照劳动争议的客体来划分，可分为履行劳动合同争议、开除争议、辞退争议、辞职争议、工资争议、保险争议、福利争议、培训争议等。

（二）劳动争议的解决方式

劳动争议是劳动关系当事人之间的纠纷，发生劳动争议后，劳动者与用人单位应当选择有利于维护自身合法权益，有利于快速解决问题的方式，妥善处理争议。根据《劳动法》的规定，我国劳动争议的处理方式主要有四种：

1. 协商程序

协商是指劳动者与用人单位就争议的问题直接进行协商，寻找解决争议的具体方案。与其他争议不同的是，劳动争议的当事人一方为单位，一方为单位职工，因双方已经发生一定的劳动关系而使彼此之间相互有所了解，双方发生争议后最好先协商，通过自愿达成协议来消除隔阂。实践中，职工与单位经过协商达成一致而解决争议的情况非常多，效果很好。但是，协商程序不是处理劳动争议的必经程序。双方可以协商，也可以不协商，完全出于自愿，任何人都不能强迫。

2. 申请调解

调解程序是指劳动争议的一方当事人就已经发生的劳动争议向劳动争议调解委员会申请调解的程序。《劳动法》第八十条规定：在用人单位内，可以设立劳动争议调

解委员会。劳动争议调解委员会委员由职工代表、用人单位代表和工会代表组成。劳动争议调解委员会主任由工会代表担任。劳动争议调解委员会委员一般具有法律知识、政策水平和实际工作能力，又了解本单位具体情况，有利于解决纠纷。除因签订、履行集体劳动合同发生的争议外均可由本企业劳动争议调解委员会调解。但是，与协商程序一样，调解程序也由当事人自愿选择，且调解协议也不具有强制执行力，如果一方反悔，同样可以向仲裁机构申请仲裁。

3. 仲裁程序

仲裁程序是劳动争议的一方当事人将争议提交劳动争议仲裁委员会进行处理的程序。该程序既具有劳动争议调解灵活、快捷的特点，又具有强制执行的效力，是解决劳动争议的重要手段。劳动争议仲裁委员会是国家授权、依法独立处理劳动争议案件的专门机构。申请劳动仲裁是解决劳动争议的选择程序之一，也是提起诉讼的前置程序，即如果想提起诉讼打劳动争议官司，必须要经过仲裁程序，不能直接向人民法院起诉。

4. 诉讼程序

《劳动法》第八十三条规定：劳动争议当事人对仲裁裁决不服的，可以自收到仲裁裁决书之日起十五日内向人民法院提起诉讼。一方当事人在法定期限内不起诉又不履行仲裁裁决的，另一方当事人可以申请人民法院强制执行。诉讼程序是由不服劳动争议仲裁委员会裁决的一方当事人向人民法院提起诉讼后启动的程序，诉讼程序具有较强的法律性、程序性，做出的判决也具有强制执行力。

三、劳动安全风险防范与安全保障

党的二十大报告指出：“社会保障体系是人民生活的安全网和社会运行的稳定器。健全覆盖全民、统筹城乡、公平统一、安全规范、可持续的多层次社会保障体系。”中共中央、国务院印发的《关于全面加强新时代大中小学劳动教育的意见》将“多方面强化劳动安全保障”作为劳动教育支撑保障体系的重要组成部分，要求“建立健全劳动教育与管理并重的劳动安全保障体系”。必要的安全保障不仅是开展劳动教育的前提基础、重要支撑，更对学生树立科学的劳动观念，形成“生命至上，安全第一”的理念，具备初步的职业安全素质具有重要意义。

(一)劳动安全的概念

劳动安全,又称职业安全,是指在劳动生产过程中,防止中毒、车祸、触电、塌陷、爆炸、火灾、坠落、机械外伤等危及劳动者人身安全的事故发生。劳动安全权是劳动者享有的在职业劳动中人身安全获得保障、免受职业伤害的权利。劳动安全包括人身安全和财产安全。消除危害人身健康的一切不良因素,保障劳动者的生命安全和健康舒适,称之为人身安全;消除损坏设备、产品和其他物品的一切危险因素,保证生产的正常进行,称之为财产安全。安全生产是保护劳动者安全健康、保证国民经济持续发展的基本条件,只要人们从事劳动生产,劳动安全问题的发生就不可避免。

劳动安全是关系到劳动者健康和生死的头等大事。我国是人民当家作主的社会主义国家,人民是国家的主人,中国共产党坚持以人为本,始终代表中国最广大人民的根本利益。因此,在各种生产经营活动中,必须把保障劳动者生命和健康的安全工作放在第一位。劳动安全是国民经济健康发展的前提和重要保障,劳动安全工作是保护生产力、促进生产发展的基础,是保证国民经济持续、稳定、健康发展的基本条件。只有在保证劳动者安全和国家财产及人民生命财产安全的前提下,生产才能顺利进行。

(二)劳动安全风险因素分类

劳动教育活动作为一种职业劳动过程,存在一定程度的劳动安全风险,主要分布在组织管理、各类人员、交通和环境四个方面,其中典型风险因素包括:

1. 组织管理风险

(1)规章制度

一是没有制定劳动教育活动方案、实施手册或规范,或照搬照抄、流于形式;二是规章制度缺失,没有针对劳动教育活动制定详细、完善的管理规章制度,规章制度缺乏可执行性或执行不到位;三是协调机制不完善、责任机制不健全。在开展活动及遇到突发情况时无章可循、无规可守,或有章难循、有规难守。

(2)应急预案

一是劳动教育活动突发事件应急预案缺失或缺乏针对性与可操作性,安全保障机制不完善;二是应急预案没有定期更新,没有针对应急预案开展专项安全教育和应急演练。

(3)应急救援能力

由于缺乏事前的准备与培训，事故救援能力不足，缺乏必备的事故救援物资，未配备经过专业救援训练的安全员，在遭遇突发事件时，事故救援不及时，救援资源(人员、物资等)不到位。

2. 人员素质风险

(1)学生群体与个体

学生群体与个体的主观因素包括意识、素养、行为等，客观因素包括疾病、体质等。广大学生特别是中小学生，容易发生脱离集体擅自行动、学生间因琐事产生纠纷、活动过程中违规操作等不安全行为；由于未成年人身体机能尚未发育成熟，免疫抵抗力较弱，或本身就存在过敏体质或既往病史等健康问题，在遇到一定诱因后，导致突发疾病、意外伤亡，为劳动教育的管理增加了不确定性因素。

(2)教管人员

一是教管人员在劳动教育活动期间存在身体及心理不适，不能正常履行安全管理职责；二是教管人员缺乏职业道德，思想认识不到位、安全意识不强，不认真执行规章制度，对学生疏于管理，没有尽到管理责任；三是应急能力差，对劳动教育活动内容和全过程不熟悉，未能提前了解活动内容是否存在不适合未成年学生身心特点或威胁其健康与安全的情形，由于事前未做充足的风险评估和突发事件应急预案及演练，教管人员缺乏应对突发事件的能力，在面对突发事件时束手无策。

(3)社会人员

劳动教育基地一般是开放的社会场所，人员密集、结构复杂，中小学生群体因其应对暴力袭击的脆弱性，很容易成为一些反社会极端分子、恐怖袭击活动等社会安全事件的袭击目标。

3. 交通条件风险

(1)交通工具

劳动教育活动应优先选择航空或铁路交通方式，公路交通的安全系数相对较低。选择汽车作为交通工具时，如果师生乘坐的车辆本身存在安全隐患，出行前未做全面的车辆故障排查，则会增加交通安全风险。

(2)交通路线

由于劳动教育活动的路线选择不当，遭遇道路维修、封路、路面崎岖不平、城乡结合部或乡村道路缺少交通信号灯等情况，或对路线不熟悉，则会增加交通安全风险。

(3)司机素质

一是司机在出发前就存在身体、心理不适等健康问题，影响正常驾驶；二是司机存在疲劳驾驶、酒后驾驶、超速、抢道等违法违规行为。

4. 环境条件风险

(1)生活环境

劳动教育基地住宿环境达不到卫生条件，如被褥床单等清洗不干净，导致学生出现过敏反应等；活动期间用餐环境不卫生、食材不新鲜、饮用水水质不达标等，导致食物中毒、水土不服等；劳动教育目的地正流行某种传染性疾病，导致学生被感染。

(2)人文环境

劳动教育活动目的地举办大型公共活动导致人群密集；劳动教育活动目的地城市治安较差，偷盗抢劫案件多发或正发生群体性事件；方言造成的语言交流障碍，导致言语冲突；地方风俗习惯不同，导致文化冲突。

(3)自然环境

游览江河湖海等水域、沙漠、山地、高原等特殊环境未穿戴必备的防护装备，对特殊环境缺乏了解；由于未提前了解天气情况，驻留营地期间偶遇雨雪、雷电、大风等恶劣天气，或在酷热、寒冷等极端天气及夜间出行等。

(三)劳动教育安全保障的具体措施

劳动安全保障措施是安全管理的方法与手段，保障的重点是对生产各因素状态的约束与控制，对人的不安全行为与物的不安全状态的控制，是消除事故、避免伤害、减少损失的重要预防手段。

1. 建立劳动教育安全管控机制

建立“政府负责、社会协同、有关部门共同参与”的劳动教育安全管控机制是保证劳动教育活动安全有序的重要手段。其管控机制主要包括：

(1)政府机构应加快建立健全劳动教育安全保障制度

政府方面需要制定劳动教育突发事件预案制度，厘清劳动教育中有关安全责任落实、安全事故处理、安全责任界定以及安全纠纷处理的主体与机制，保证劳动教育安全管理“有法可依，有据可行”。

(2)学校应加强安全教育，提高师生安全意识

学校的安全教育是增强学生安全意识、提高安全能力的主要途径，各级各类学校要加强对师生的劳动安全教育，强化劳动风险意识，要科学评估劳动实践活动的安全风险，认真排查、消除学生劳动实践中的各种隐患，在场所设施选择、材料选用、工具设备和防护用品使用、活动流程等方面制定安全、科学的操作规范，强化劳动过程每个岗位的管理，明确各方责任，防患于未然。

(3)相关部门应全面强化劳动教育安全的协同合作

劳动教育不是一种单纯的学生活动，它更是一种教育教学方式，其发展主要由教育部门牵头，过程涉及交通、公安、财政、文化、食品药品监管及保监会等不同部门，各相关部门都肩负着保障学生安全的重大责任。各部门加强协调与合作，共同构建一个科学、有序、安全的环境是保障劳动教育健康发展的重要支撑力量。

2. 建立劳动教育风险分散机制

建立“政府、学校、家庭、社会共同参与”的劳动教育风险分散机制是保障劳动教育开展的长效之策。其风险分散机制主要包括：

(1)政府应建立并完善学生劳动教育意外伤害保险制度

当前，我国主要采用的是校方责任险与家庭自愿投保的学生意外伤害险相结合的商业保险的赔偿机制，转移学校的赔偿风险和补偿学生的伤害损失，是一种以事后赔偿为主的风险分散机制。鼓励学校和家庭为参加劳动教育的学生购买劳动教育相关保险，进一步完善学生劳动教育意外伤害保险制度，保障劳动教育正常开展。

(2)学校应建立健全安全教育与管理并重的劳动安全保障体系

一是建立完善的劳动安全规章制度和责任机制，要有章可循、有规可守。二是制定应急预案，开展专项劳动安全教育和应急演练。三是有条件的学校要购买校方责任险。

(3)鼓励家庭自愿投保学生意外伤害险

家庭是劳动安全教育的第一课堂，家长或监护人要通过日常生活的言传身教、潜移默化，让孩子养成从小爱劳动的好习惯，掌握必要的生活技能、安全技能和应急技能，减少甚至消除各类劳动教育意外伤害风险，同时鼓励具备相应条件的家庭自愿投保学生意外伤害险。

(4)社会应为劳动教育提供必要安全保障

社会应充分履行劳动教育风险分散管理中的社会责任，充分利用社会各方面资源，为劳动教育提供必要安全保障。企业、公司、工厂、农场等组织要充分履行社会责任，开放实践场所，支持学校组织学生参加力所能及的生产劳动、参与新型服务性劳动，积极开展学生劳动安全教育科普宣传，切实保障开展劳动教育活动和场所安全。

3. 完善劳动教育应急与事故处理机制

制订劳动教育活动应急预案，建立并完善劳动教育应急与事故处理机制是应对劳动教育突发事件的关键能力。其应急与事故处理机制主要包括：

(1)拟订翔实的活动方案

劳动教育活动要严格按照课程设计原则，根据校情、生情和课程延伸需要，提出合理计划，设计科学路线。

(2)规范制定应急预案

劳动教育活动前，学校要安排专人到目的地进行现场调查，判定是否符合开展活动的条件，并逐步完善相关的应急预案。

(3)强化安全应急演练

劳动教育活动开展前，学校要针对活动内容组织师生进行安全专题教育及演练培训。具体包括：一是防灾教育。教育学生注意躲避雷雨、冰雹，防范雷电伤害和动物伤害。二是防过敏教育。告诉体质过敏的学生不要近距离接触花草，不要在草地上睡觉，面部不要直接与花朵接触，以免引起过敏症状。三是饮食卫生教育。提醒学生不要摘食野果，不购买、食用不卫生食品，不喝泉水、塘水和河水等，以免发生食物中毒或肠道疾病。四是交通安全演练。学会登车、下车、系解安全带，不在车上打闹，不把身体任何部位伸到车窗外，掌握交通事故自救、逃生技能。

(4)规范处置突发情况

外出实践活动难免会发生各类突发情况，这就要求学校要及时启动应急预案，科学应对。要及时处理小伤(病)和正确处理火情。火情一旦发生，首先要逆风疏散学生，及时拨打火警电话。

(5)活动现场应急保障

学校要充分了解目的地医院分布情况，校医备足野外救护药品、器械，班主任可随身携带风油精、止泻药、抗过敏药等常见应急药品。

(四)作为高校学生如何做好日常劳动安全防范

作为高校学生应当经常参加生产劳动，学习并掌握一定的劳动技能，培养热爱劳动的思想品质。在劳动中，高校学生一定要把安全放在第一位，做到遵守纪律、服从管理、听从指挥，不要随意行动。劳动时不要用劳动工具嬉笑打闹，互相追逐，以防对自己或他人造成伤害。

高校学生在学校以及劳动中应该如何保护自己的安全呢？①服装得体：要换好适合劳动的服装，服装以透气、舒适为宜。②正确使用工具：要熟悉劳动工具的正确使用方法，避免因方法不当而对自己或他人造成伤害。③了解安全常识：劳动准备中最重要的一项，就是要了解该项劳动的安全常识，避免在劳动中发生危险情况。④遵守劳动纪律：在劳动中要做到劳动时不和同学玩耍、打闹，特别是使用工具时严禁嬉戏、追逐、打闹；必须在指定范围内参加劳动；不擅自改变劳动的有关规定，服从分配听指挥。⑤虚心请教：掌握劳动要领不仅能提高劳动的速度和质量，而且能避免事故的发生，要做到认真听取老师或师傅的讲课，记住劳动的程序，领会劳动的操作要领。在劳动过程中，要虚心接受指导，及时改正不正确的动作，遇到不会操作的地方要及时请教。⑥切忌蛮干，量力而行：各人的体质不同，力气有大有小，盲目蛮干会伤害身体，青少年处于生长时期，更要注意保护身体。⑦远离危险物品：劳动时不要接触有害物质，如硫酸、农药等，不随便触摸、玩弄电器及电源开关等。应远离没有防护装置的传送带、砂轮、电锯等危险劳动工具，以免发生意外。注意个人卫生，尤其是在劳动中接触农药等有害物质的，要及时洗手，避免因不小心导致农药中毒。

(五)实习期间的劳动风险防范

职业劳动不可避免地带来了劳动风险，实习中的劳动风险主要是指实习学生面临的来自实习岗位的劳动安全和劳动卫生的人身伤害风险。

1. 实习期间的劳动风险

实习劳动风险相对于一般劳动者所面临的劳动风险而言，有其特殊性。第一，实习劳动风险的主体不是一般的劳动者，而是工学结合模式下职业教育的学生，实习的学生不同于劳动者，他们对职业岗位与操作规程不熟悉，需要指导和帮助，比一般劳动者更容易发生劳动风险事故，需要特别保护；第二，实习劳动风险发生的过程不是一般的职业劳动过程，而是工学结合模式下的学生实习过程，实习劳动风险是发生在学生接受职业教育的过程中，对学生实习劳动风险的防范，学校和实习单位都有责任。

2. 实习期间劳动风险防范的具体措施

学生实习存在劳动风险已是一个不争的事实，实习需要防范劳动风险。根据实习及其劳动风险的特征，实习劳动风险的防范需要学校、实习单位和学生的共同努力。

(1)学校应尽组织者的管理职责

第一，恰当地安排好学生的实习。学校应根据专业教学计划和学生对相应知识与技能的掌握情况、学生的专业素养和所学专业性质合理地安排实习的基本内容、实习时间和实习单位。第二，协调好学生与实习单位的关系。邀请实习单位参与学生实习指导计划的制订；与实习单位就学生实习管理工作签订协议，明确双方的权利义务，并对学生实习的安全保障情况进行巡查。第三，对学生的实习进行跟踪管理。在学生上岗前进行职业安全教育，使学生树立劳动风险防范意识；注重过程管理，班主任和实习指导教师强化跟班指导。

(2)实习单位应尽实施者的管理职责

第一，对实习学生进行上岗前教育。实习单位在学生正式上岗操作前必须对实习学生进行详细的岗位操作规程教育，使学生能按照岗位操作规程正确进行岗位操作，并对学生重点进行岗位安全卫生教育，使学生熟悉岗位安全卫生注意事项，以免实习劳动伤害事故的发生。第二，对实习学生进行上岗后的岗位管理。实习单位要为实习学生指派帮带师傅进行专门的技术指导，对学生实习劳动过程进行全程严格监控，及时发现不当操作行为并予以纠正。第三，确保学生实习期间的环境安全。实习单位应为实习学生提供符合安全卫生要求的实习环境，对实习工作场所应进行定期的安全卫生检查。此外，实习单位应统一为学生购买实习期间的人身意外伤害保险。

(3)学生应履行必要的义务和享有相应的权利

第一，服从学校的管理，自觉保持与学校指导老师的联系与沟通，及时如实汇报

实习情况。第二，服从实习单位的管理，严格遵守实习单位岗位安全操作规程和安全卫生制度，虚心向前辈请教，发现问题及时报告。第三，学生享有保护自己的人身安全的权利，如有权拒绝实习单位的违章指挥和冒险作业安排，有权拒绝实习单位未提供相应劳动保护和劳动条件的作业，有权暂时拒绝自己没有把握进行的操作，有权对危及人身安全的作业采取紧急避险。

拓展学习

职业学校学生实习管理规定

作为职业院校实习生，你知道自身拥有的劳动权益包括哪些吗？实习期间应该如何维护自己的权益呢？

教育部等八部门联合印发的《职业学校学生实习管理规定》（2021 年修订）明确规定：

第十四条　学生参加岗位实习前，职业学校、实习单位、学生三方必须以有关部门发布的实习协议示范文本为基础签订实习协议，并依法严格履行协议中有关条款。未按照规定签订实习协议的，不得安排学生实习。

第十五条　实习协议应当明确各方的责任、权利和义务，协议约定的内容不得违反相关法律法规。实习协议应当包括但不限于以下内容：（一）各方基本信息；（二）实习的时间、地点、内容、要求与条件保障；（三）实习期间的食宿、工作时间和休息休假安排；（四）实习报酬及支付方式；（五）实习期间劳动保护和劳动安全、卫生、职业病危害防护条件；（六）责任保险与伤亡事故处理办法；（七）实习考核方式；（八）各方违约责任；（九）三方认为应当明确约定的其他事项。

第十六条　职业学校和实习单位要依法保障实习学生的基本权利，并不得有以下情形：（一）安排、接收一年级在校学生进行岗位实习；（二）安排、接收未满 16 周岁的学生进行岗位实习；（三）安排未成年学生从事《未成年工特殊保护规定》中禁忌从事的劳动；（四）安排实习的女学生从事《女职工劳动保护特别规定》中禁忌从事的劳动；（五）安排学生到酒吧、夜总会、歌厅、洗浴中心、电子游戏厅、网吧等营业性娱乐场所实习；（六）通过中介机构或有偿代理组织、安排和管理学生实习工作。（七）安排学生从事三级强度及以上体力劳动或其他有害身心健康的实习。

第十七条　除相关专业和实习岗位有特殊要求，并事先报上级主管部门备案的实习安排外，实习单位应遵守国家关于工作时间和休息休假的规定，并不得有以下情形：（一）安排学生从事高空、井下、放射性、有毒、易燃易爆，以及其他具有较高安全风险的实习；(二)安排学生在休息日、法定节假日实习；(三)安排学生加班和上夜班。

第十八条 接收学生岗位实习的实习单位，应当参考本单位相同岗位的报酬标准和岗位实习学生的工作量、工作强度、工作时间等因素，给予适当的实习报酬。在实习岗位相对独立参与实际工作、初步具备实践岗位独立工作能力的学生，原则上应不低于本单位相同岗位工资标准的80%或最低档工资标准，并按照实习协议约定，以货币形式及时、足额、直接支付给学生，原则上支付周期不得超过1个月，不得以物品或代金券等代替货币支付或经过第三方转发。

第十九条 在遇有自然灾害、事故灾难、公共安全等突发事件或重大风险时，按照属地管理要求，分不同风险等级、实习阶段做好分类管控工作。

第二十条 职业学校和实习单位不得向学生收取实习押金、培训费、实习报酬提成、管理费、实习材料费、就业服务费或者其他形式的实习费用，不得扣押学生的学生证、居民身份证或其他证件，不得要求学生提供担保或者以其他名义收取学生财物。

劳动者不胜任工作，用人单位解除劳动关系应履行书面告知义务

1. 基本案情

伍某入职某证券公司担任客户经理，双方签订了劳动合同。在合同期限内，公司删除了伍某工作需要的工号，导致伍某未能继续正常工作，双方协商解除劳动关系未果，之后，伍某未继续回公司上班。该证券公司即做出《关于解除与伍某劳动关系的通知》，但未直接送达给伍某本人，伍某亦表示未曾收到该份通知。双方因劳动关系的解除产生争议诉至法院，伍某要求证券公司支付其违法解除劳动关系的赔偿金27 160元，证券公司则表示伍某无法胜任其工作岗位，违反公司的规章制度，公司与其解除劳动关系属于合法。

2. 审理裁判

经审理，法院认定该证券公司未能有效举证证明其解除与伍某的劳动关系时已提前三十日以书面形式通知伍某，亦未额外支付伍某一个月的工资，其行为属于违法解除劳动关系，应当向伍某支付27 160元。

3. 法官点评

根据法律规定，用人单位认为劳动者不能胜任工作岗位的，不能立即解除劳动

关系，用人单位以“不能胜任工作”为由单方面解除劳动关系时，需满足以下条件：(1)有证据证明劳动者在原工作岗位上无法胜任工作；(2)有证据证明对该劳动者进行了培训或调整岗位，而在培训或调岗后该劳动者均不胜任工作；(3)有解除劳动合同的书面通知；(4)提前30日发出书面通知给该劳动者，或者在额外支付了一个月的工资后当天发出通知；(5)依法给予经济补偿。

（资料来源：法律快车，2020年8月2日）

掌握必要的劳动安全常识

一、安全警示标志

安全警示标志是用以表达特定安全信息的标志，由图形符号、安全色、几何形状(边框)或文字构成。安全标志是向工作人员警示工作场所或周围环境的危险状况，指导人们采取合理行为的标志。安全标志能够提醒工作人员预防危险，从而避免事故发生；当危险发生时，能够指示人们尽快逃离，或者指示人们采取正确、有效、得力的措施，对危害加以遏制。安全标志不仅类型要与所警示的内容相吻合，而且设置位置要正确合理，否则就难以真正充分发挥其警示作用。

根据国家规定，安全色分为红色、黄色、蓝色、绿色四种。红色使人在心理上产生兴奋和醒目感，用于表示禁止、紧急停止和防火等信息；黄色是一种明亮的颜色，与黑色相间组成的图形适用于警告、注意等信号；蓝色被用作指令、必须遵守的规定标志，与白色相配合使用效果较好；绿色使人感到舒畅、平静和安全感，用以表示安全状态和通行的提示。

安全标志分为禁止标志、警告标志、指令标志、提示标志四类，如图4-1所示。

图4-1　安全标志

(1)禁止标志:禁止标志的含义是不准或制止人们的某些行动。禁止标志的几何图形是带斜杠的圆环,其中圆环与斜杠相连,用红色;图形符号用黑色,背景用白色。我国规定的禁止标志共有40个,如:禁放易燃物、禁止吸烟、禁止通行、禁止烟火、禁止用水灭火、禁带火种、修理时禁止转动、禁止跨越、禁止乘车、禁止攀登等。

(2)警告标志:警告标志的含义是警告人们可能发生的危险。警告标志的几何图形是黑色的正三角形,黑色符号和黄色背景。我国规定的警告标志共有39个,如:注意安全、当心触电、当心爆炸、当心火灾、当心腐蚀、当心中毒、当心机械伤人、当心伤手、当心吊物、当心扎脚、当心落物、当心坠落、当心车辆、注意弧光、当心冒顶、当心瓦斯、当心塌方、当心坑洞、当心电离辐射、当心裂变物质、当心激光、当心微波、当心滑跌等。

(3)指令标志:指令标志的含义是必须遵守。指令标志的几何图形是圆形、蓝色背景、白色图形符号。指令标志共有16个,如:必须戴安全帽、必须穿防护鞋、必须系安全带、必须戴防护镜、必须戴防毒面具、必须戴护耳器、必须戴防护手套、必须穿防护服等。

(4)提示标志:提示标志的含义是示意目标的方向。提示标志的几何图形是方形,绿色背景,白色图形符号及文字。提示标志共有8个,如:紧急出口、避险处、应急避难场所、可动火区、击碎板面、急救站、应急电话、紧急医疗点。

二、正确使用劳动防护用品

在生产过程中,存在着各种危险因素,根据《中华人民共和国安全生产法》的规定,生产经营单位应当根据不同劳动条件、不同工种的配备标准,发给从业人员劳动防护用品。正确使用劳动防护用品,是保护劳动者的安全和健康的一项重要措施,也是保证安全生产的最后一道防线。个人防护用品分类及其作用见表4-1。

表4-1　个人防护用品分类及其作用

保护部位	举例	作用
头部	安全帽	可以防止物体打击伤害;防止高处坠落伤害头部;防止机械性击伤;防止污染毛发
眼、面部	防护镜、面罩	可以防止异物侵入眼睛;防止化学性物品的伤害;防止强光、紫外线和红外线伤害;防止微波、激光和电离辐射伤害
呼吸器官	防尘、防毒面具	可以防止生产性粉尘的伤害;防止生产过程中有害物质的侵入
听觉器官	耳塞、耳罩	可以防止机械噪声的危害;防止空气动力噪声的危害;防止电磁噪声的危害

（续表）

保护部位	举例	作用
手部、足部	防护手套、防护鞋	可以防止火与高温、低温的伤害；防止电磁与电离辐射的伤害；防止电、化学物质的伤害；防止撞击、切割、擦伤、微生物侵害以及感染等危害；防止物体砸伤或刺割伤害
皮肤	防护服	可以防止环境中的物理、化学、生物等因素的伤害
整体	安全带	可以防止作业人员从高处坠落

（资料来源：徐国庆. 劳动教育[M]. 北京：高等教育出版社，2021.）

思考与讨论

1. 劳动合同包括哪些种类？

2. 劳动争议的解决方式包括哪些？

3. 劳动安全风险可分为哪几类？

4. 劳动安全的具体保障措施包括哪些？

5. 想一想，在你所在专业的岗位实习中，可能会发生哪些劳动安全问题？我们又该如何防范？

主题实践活动

1. 主题实践活动 1（表 4-2）

表 4-2 主题实践活动 1

采访你身边已参加实习的学长学姐			
姓名	所在专业	所在单位	职务
他/她眼中的岗位实习风险			

（续表）

他/她所具备的风险防范技能	
你的学习和收获	

2. 主题实践活动2(表4-3)

表4-3　　主题实践活动2

本专业领域发生的典型安全事故调研	
所属专业领域	
事故发生时间	
事故发生地点	
事故起因及经过	
事故造成的后果	
避免该起事故的方法及手段	
你的学习和收获	

参考文献

[1]徐国庆.劳动教育[M].北京:高等教育出版社,2021.

[2]任国友.疫情防控常态化下劳动教育安全风险保障体系构建[J].工会博览,2021(04).

[3]孙长坪.构建学生顶岗实习劳动风险的防范机制[J].河北师范大学学报(教育科学版),2012(04).

[4]洪兴建.企业劳动争议对策研究[J].上海商业,2021(10).